CYFRES Y CEWRI

CYFRES Y CEWRI 32

Hyd yn Hyn

Gillian Elisa

Gwasg
Gwynedd

Argraffiad cyntaf — Tachwedd 2007

© Gillian Elisa 2007

ISBN 0 86074 243 1

Mae'r cyhoeddwyr yn cydnabod cefnogaeth ariannol
Cyngor Llyfrau Cymru.

*Cyhoeddwyd ac argraffwyd
gan Wasg Gwynedd, Caernarfon*

ER COF
AM MAMI A DADI

– AC I'R TEULU I GYD

Cynnwys

Rhagair

Pe bai rhywun yn gofyn i fi beth yw f'atgofion penna o dyfu lan yn Llanbed, yna bydde'n rhaid i fi weud taw'r hyn a ddaw i meddwl i gynta yw fy nheulu a phobol y dre (llawer o'r rheiny'n gymeriade a gafodd gryn effaith arna i) – y bobol, ynghyd â'r cyfleoedd a ges i wrth dyfu.

Ro'dd dyddie mhlentyndod yn rhai tu hwnt o hapus, ac mae'r diolch am hynny i'r rhai a lywiodd fy mlynyddoedd cynnar. Er nad ydi rhywun yn ymwybodol o hynny ar y pryd, ma' blynyddoedd plentyndod pob un ohonon ni'n llawn o brofiade sy'n gadael eu hôl, ac yn ein neud ni'r hyn ydyn ni. Gobeithio y bydd yr atgofion hyn yn fodd i chi weld he drodd Gillian Elizabeth Thomas o Lanbed yn Gillian Elisa yr actores, ac yn Gillian, y person go iawn, fel y gwelwch chi hi hcddi.

Dyddie cynnar

Mae rhai pobol yn gweud eu bod nhw'n gallu cofio llawer am flynyddoedd cynnar eu bywyde. 'Smo fi'n un o'r rheiny! Dwi'n trio'n galed iawn i gofio, ond dim ond eiliade o atgofion sy gen i o'r cyfnod pan o'n i yn y pram a'r *pushchair*, a d'yn nhw ddim yn plethu at ei gilydd yn dda iawn – mae fel edrych ar ffilm heb ei golygu'n iawn.

Ces fy ngeni yn Ysbyty'r Priordy yng Nghaerfyrddin. Wrth gwrs, dwi'n cofio dim am hynny fy hun, ond ma' Alun fy mrawd – sy ddwy flynedd a hanner yn hŷn na fi – yn fy nghofio i'n dod adre o'r ysbyty 'da Mami, a fe a Dadi'n aros amdana i yn y rŵm ffrynt. Gartre 'da Alun o'dd Dadi, gan nad o'dd tade'n arfer mynd mewn 'da'u gwragedd ar gyfer yr enedigaeth yn y pumdege.

Merlin o'dd enw'n tŷ ni – lle bach hudolus, reit ochr draw i Ysgol Ffynnon Bedr, Heol y Bryn, Llanbed – Llanbedr Pont Steffan, i roi iddo'i enw crand; Llambed i eraill, ond Llanbed bob amser i fi!

Pan o'n i'n blentyn ifanc, mi gwmpes i o nghadair uchel yn y tŷ. Hyd heddi does neb o'r teulu cweit yn siŵr beth ddigwyddodd. Ro'n i, mae'n debyg, yn stranco a sgrechen ac yn bwrw *tray* y gadair 'da llwy, ac yn neud lot fawr o sŵn a mynnu sylw. Ma' Alun yn meddwl falle'i fod e wedi rhoi pwsh i'r gadair, am mod i'n mynd ar nerfe pawb yn y gegin, a finne o ganlyniad wedi dod yn rhydd o'r strapie o'dd yn fy nala fi mewn. Beth bynnag ddigwyddodd, mi gwmpes!

Aeth hi'n ffradach wedyn, a bu'n rhaid i mi gael pwythe yn fy nhalcen. Mae'r graith yno o hyd – ac os sylwch chi, dwi wastad yn cuddio nhalcen trwy gribo ngwallt mla'n, neu gael ffrinj. Dro arall, helpodd Alun fi i ddod mas o'r *playpen*. Ble ro'dd e'n meddwl o'n i'n mynd i fynd ar ôl dod mas, Duw a ŵyr! Ro'dd y ddau ohonon ni wastad lan i ryw ddrygioni.

Ro'dd gen i got a chap melfed coch tywyll pan o'n i'n blentyn, a myff i fatsho, ac ro'dd sawl un yn gweud mod i'n edrych fel dol fach! Pe bydden nhw ond yn gwbod faint o ddiawlineb o'dd yn y ddol fach – ac yn ei brawd! Mi lwyddes i ddial ar Alun am yr holl helyntion pan o'n i ryw bedair oed. Ro'dd y ddau ohonom wedi cael bath hyfryd o fla'n y tân yn y gegin lawr stâr yn y *basement*, a hynny mewn hen fath tun, llwyd. (Mae jest gweud hynna'n neud imi deimlo'n hen!) Ro'dd Alun yn edrych yn lân a chyfforddus yn ei byjamas, a Mami'n edrych arnon ni'n wên o glust i glust. Ond yna, beth wnes i, y sgramen fach, ond pwsho Alun yn ôl mewn i'r bath – yn ei byjamas glân. Wel, ro'dd Mami'n grac ofnadwy 'da fi am neud shwd beth, a ches i eitha got.

Athrawon o'dd fy rhieni – Mami yn yr ysgol gynradd, a Dadi yn yr ysgol uwchradd. Nesta Mary Jones o'dd enw Mami cyn priodi, a John Morgan Thomas o'dd Dadi. 'Mr Thomas Commercial' neu 'Twm Com' o'dd pawb yn ei alw fe – fe o'dd yn dysgu llaw-fer, teipo a 'Book-keeping' yn yr ysgol, ond ro'dd e hefyd yn chware rhan annatod ym mywyd yr ysgol 'da rygbi a chriced. Ro'dd Dadi'n dwlu ar chwaraeon.

Ma'n siŵr y byddwch chi'n sylwi ma' 'Mami' fydda i'n galw fy mam bob tro yn yr atgofion hyn. Y rheswm am hynny ydi ma' dim ond am un ar bymtheg o flynyddoedd ges i gwmni Mami. Dyna f'oed i pan fuodd hi farw, felly adnabyddes i erio'd mohoni fel oedolyn. Mami o'dd hi i mi – a Mami fydd hi byth. Wrth i fi dyfu'n hŷn, aeth Dadi'n 'Dad'! A dyma ichi un ffaith fach ddiddorol arall – 'chi' o'n ni fel teulu yn galw'n gilydd bob amser.

O'n i'n ffaelu aros i fynd i'r ysgol gynradd achos o'n i'n gallu gweld, wrth bipo trwy gyrtens net y *bay window*, Alun fy mrawd a'i ffrindie'n chware yn yr iard, ac yn cael lot o sbort. O ran hynny, eu clywed nhw'n fwy na'u gweld nhw o'n ni.

Pan ges i fynd i'r ysgol fy hun, ro'n i mor ecseited fel mod i'n cofio bron dim am y diwrnod cynta, ond ei fod e wedi mynd yn glou. Yr unig beth sy'n aros yn glir yn y cof erbyn heddi am fy nyddie cynnar yn yr ysgol yw gwynt y tywod yn gymysg â'r blocs pren o'dd yn patrymu'r llawr, a'r *camp beds* o'dd yn cael eu cario mas yn y prynhawnie er mwyn i ni gael napyn. O'dd e fel bod yn Butlin's – heb yr *Hi-de-hi*!

Ro'dd un o'n ffrindie gore, Pamela Davies, yn ferch bert ofnadwy – yn debyg i Natalie Wood. Ro'dd hi hefyd yn ffrindie 'da Karina Davies, ac ro'dd y ddwy ohonyn nhw'n lico nghael i i redeg ar eu hole ac actio bod yn wrach gas. Os o'n i'n dda, ro'n i'n cael bod yn ffrindie 'da nhw; os o'n i *ddim* yn dda, do'n nhw ddim ishe gwbod! Plant! Fe wnes i'n siŵr bod fy ngwrach i'n arbennig o dda bob tro. Ro'n i'n eu tshaso nhw rownd yr iard nes hala ofn ar bawb. Dyna'r tro cynta, efalle, i mi sylweddoli mod i'n gallu diddanu a chael ymateb. Yn sicr ro'dd yr hade wedi'u plannu – mor gynnar â hynny.

Dwi wedi actio gwrach wedyn – nifer o weithie – dros y blynyddoedd, wrth leisio cartwne ac mewn dau bantomeim. Un o'r rheiny o'dd un o bantomeimie Dafydd Hywel, *O! Cryms! Dim Bâbra Bara!* Mam hyll o'r enw Pwdren o'n i yn hwnnw. Ro'dd Dadi'n galw fi'n hen bwdren fach weithie hefyd – jest i weindo fi lan!

Ro'n i'n casáu codi'n gynnar i fynd i'r ysgol, a bydde Dadi'n gweiddi 'Gillian!' unwaith – dwywaith – ac yna'r trydydd tro, beth glywn i ond 'Hei, Pwdren!' Ro'dd hynna'n neud y tric bob tro: ro'dd yn gas 'da fi gael fy ngalw'n bwdren. Ro'dd Dadi'n gwbod yn iawn shwd i ddelio 'da fi. Ro'dd e a finne'n mynd i'r un ysgol; fe o'dd i *fod* i neud y brecwast yn y bore, ond ro'dd e'n dueddol i orgoginio pethe, felly fi fydde'n neud y brecwast gan amla.

Gyda llaw, yr *ail* dro i mi chware cymeriad hyll o'dd mewn sioe blant o'r enw *Matilda* – stori ffantastig gan Roald Dahl – adeg y Nadolig, 1991, a daeth Dad i Theatr y Sherman, Caerdydd, i ngweld i'n perfformio. Y brifathrawes, Miss Trunchbull, o'n i – a do'dd Dad erio'd wedi gweld shwd beth. Ro'dd e'n methu credu bod ei ferch fach e'n gallu edrych mor ofnadwy. 'Enjoioch chi'r sioe?' ofynnes i iddo fe. 'Do, ond . . . Wel, peidiwch â nghael i'n rong – o'ch chi'n feri gwd, ond ro'dd golwg yr uffern arnoch chi. O'ch chi'n dishgwl fel cròs rhwng Caligula a'r Hunchback of Notre Dame!'

Yn Llanbed, bob Nadolig, ro'n ni'n cael Te Parti'r Maer – mewn geirie er'ill, cyfle i bawb i ddod at ei gilydd yn Neuadd Buddug (ond taw Victoria Hall fydden ni i gyd yn ei galw hi). Ro'dd pawb yn gwisgo dillad pert a chael teisenne, brechdane, jeli, *blancmange*, pop – popeth ma' plant yn lico – a bydde lot o sgrechen a chwerthin a joio. Bydde brawd a chwaer o Lanbed – Teddie a Minnie – yn rhoi'r adloniant. Ro'n nhw'n dipyn o draddodiad lleol. Ro'n nhw'n gwisgo yn nillad y dauddege, ac yn cerdded rownd y dre yn curo drwm anferth a thambwrîn bach – nhw o'dd yn ein harwain i barti'r Maer. Ro'dd gramoffon 'da nhw hefyd, a chorn mawr yn dod ohono fe i daflu'r sain. Ro'n nhw'n cymryd y cyfan gymaint o ddifri. Ro'n ni'n ffaelu aros am yr achlysur yma bob blwyddyn, a phan ddôi'r diwrnod, bydde'r plant i gyd yn gweiddi, "Co, glou – ma' Teddie a Minnie'n dod lawr y stryd.' Dyna chi beth *o'dd* ecseitment! Fydde'r te parti nac unrhyw achlysur arall yn Llanbed ddim yr un peth heb y ddau ymroddgar, annwyl yma.

Yn un o'r te partis yna y gwnes i f'ymddangosiad cynta ar lwyfan. Dwi'n credu taw Lorrae Jones-Southgate (merch Haydn a Kath Jones, siop ddodrefn Stryd y Coleg, sy'n Faer ei hun erbyn hyn yn Aberystwyth!) o'dd y gynta i fynd lan i ddanso – a neud y sblits! Wedyn fe ddechreuodd Teddie a Minnie chware cân Sbaeneg, a gofyn, 'Who can do a Spanish dance?' Wedes i wrth un o'n ffrindie mod i'n 'sort of gallu neud Spanish dance'. Y peth nesa, ro'n i'n cael fy llusgo i'r llwyfan.

Es i'n dwym i gyd, a nghalon yn curo ffwl pelt – fy mhrofiad cynta o *adrenaline rush* – a bant â fi, yn curo nwylo a chlico mysedd a stampo nhraed yn galed ar y llawr – neud beth o'n i'n meddwl o'n nhw'n neud yn Sbaen, a danso fel 'sa dim fory i'w gael. Ro'n i'n 'showan off' *a* meddwl bo fi'n grêt ar yr un pryd. Yna, glywes i rywun yn gweud mod i'n danso'n dda, ac aeth hwnna i mhen i'n syth. Showan off *wedyn* 'te! Aeth y gân mla'n lawer yn rhy hir, ac ro'n i wedi dechre rhedeg mas o bwff a rhedeg mas o syniade am symudiade gwahanol – dim ond cwpwl o stepie o'n i'n gwbod, a ro'n i wedi synhwyro bod y gynulleidfa wedi cael digon erbyn hyn. Do'n i ddim yn hapus am hyn o gwbwl, felly sleides i bant o'r llwyfan, gan drio cwato'n hunan wrth droi fy mhen i'r ochr – ond do'dd unman i gwato! Ych a fi, ro'n i'n teimlo mod i wedi neud rhywbeth ofnadwy. Gofies i'r teimlad yna am sbel, ac fe ddysges i wers – os 'ych chi ishe perfformio, rhaid i chi gadw diddordeb y gynulleidfa, ond hefyd rhaid i chi ddal eich pen yn uchel wrth adael y llwyfan. O'dd, ro'dd yr hade'n cael eu plannu'n gynnar – pedair oed o'n i!

Cyfnod plentyndod Alun a fi o'dd yr amser gore i ni fel uned deuluol, a'r amser gore o'r cwbwl o'dd dros y Nadolig bob blwyddyn. Ro'dd Mami a Dadi wrth eu bodd yn paratoi ar gyfer y Nadolig. Bydde Dadi'n tyfu'r coed yng ngwaelod yr ardd, ac ro'dd hi'n seremoni fawr i dorri'r goeden, a'r arogl yn ein hatgoffa ni bod yr Ŵyl wedi cyrra'dd unwaith eto.

Ar fore Nadolig, ro'n ni'n codi am dri y bore i agor anrhegion, a dwi'n cofio Dadi'n bwyta brechdane *dates* 'da te yng nghanol y nos – yr unig adeg o'r flwyddyn y bydde fe'n bwyta shwd bethe! Ro'dd 'na wastad falŵns ar y landing, a bydde Mami wedi prynu gŵn nos a slipars newydd iddi'i hun ar gyfer yr achlysur. Ro'dd y twrci yn y ffwrn, yn coginio'n barod at y cinio mawr.

Dwi'n dal i gofio'r llonyddwch a'r tawelwch fydde 'na gartre ar ôl cinio ddydd Nadolig, a hyd heddi mae'r teimlad yna'n dod yn ei ôl ata i. Dyna'r adeg o'r dydd nad oes neb o'r tu fas yn eich distyrbo chi, a chithe'n cael ymlacio yng nghanol yr anrhegion i gyd, a meddwl be ma' pawb arall r'ych chi'n eu nabod yn ei neud ar yr union adeg yna. Yna, weddill y dydd, r'ych chi'n gorfwyta – wel, gor-popeth!

Un Nadolig, cafodd Alun a finne bobo siwt ar gyfer gwisgo lan – fel *cowgirl* a Robin Hood. Dro arall ges i sgwter; un droed ar y llawr a'r llall ar y sgwter, ac yn mynd fel bom o un ystafell wely i'r llall, a Mami a Dadi'n chwerthin ar fy mhen i achos mod i heb agor unrhyw anrheg arall – dim ond y sgwter o'n i mo'yn. Ges i bram un Nadolig, dwi'n cofio – un dau liw brown gole. Ro'n i dipyn yn hen yn cael un, am fod pramie'n ddrud bryd hynny – ro'n i tua naw oed! (Yn rhyfedd iawn, yn ddiweddar, fues i'n siarad am hyn â Dinah, chwaer y ddiweddar annwyl Menna Gwyn, ac atgoffodd Dinah fi taw ei merch hi gafodd y pram brown ar fy ôl i. On'd yw'r byd 'ma'n fach?) Yn sicr, ro'dd Dadi a Mami ar eu gore amser Nadolig, ac wedi i Mami farw, dyna'r adeg y bydden i'n gweld ei heisie fwya.

Fydde Dadi'n neud tripie lawr i'r Waun (Gwauncaegurwen) i dŷ Nana Waun, ei fam. Ro'dd hi wastad fel Nadolig pan fydde fe'n dod 'nôl! Fydde Nana Waun wedi llanw bag rhyfel *khaki* Dadi 'da pethe fel siwgr, te, tun o ham ac angenrhcidie er'ill. Ro'dd hi'n berson caredig tu hwnt, ac yn meddwl am bawb ond hi ci hunan. Bob tro ro'dd rhywun yn dod i'r drws neu'n galw mewn, bydde hi'n rhoi rhywbeth iddyn nhw cyn gadael, fel paced o fisgedi neu siocled. Ro'n i'n ei lico hi am hynny, a dwi wedi fy ffeindo fy hun yn neud yr un peth.

Ro'dd Nana Waun yn gallu coginio'n dda, ac ro'dd amser bwyd yn troi'n achlysur mawr. Ro'dd *rhaid* bihafio'n iawn wrth y ford. Câi Alun a finne stŵr yn amal am fod yn drachwantus – ishe bwyta popeth o'dd ar y ford – ond ro'dd Nana'n neud i ni aros bob tro a bod yn boléit. Ro'dd y ddau ohonon ni'n ffeindo hynny'n anodd iawn; fydden ni'n amal yn llefen, yn ffaelu deall pam bo raid i ni fihafio! Un tro, cafodd Alun fynd yn ffleian mas o'r ystafell achos ei fod e'n *cheeky* wrth y ford, a finne wedyn yn rhedeg i'r tŷ bach tu

17

fas i gwato. 'Dere mas o fan'na, yr hen ferch eger' – dyna beth o'n i'n gael wedyn.

Dwi'n cofio mynd i drwbwl mawr un tro yn y Waun. Ro'dd gan Wncwl Wil wallt coch ac uffach o dymer wyllt, ac ro'n i wedi cael ordors gan Nana Waun i beidio â'i alw fe'n 'Wil Cochyn'. 'Sdim ishe gofyn beth ddigwyddodd wedyn! Ro'dd Wncwl Wil yn briod ag Anti Annie (chwaer Nana Waun), ac ro'n nhw'n cadw siop drydan a llestri drws nesa ond un i dŷ Nana. Ro'n i'n dwlu mynd mewn i'r siop, achos ro'dd teledu 'da nhw, a theleffon hefyd, o'dd yn beth digon anghyffredin bryd hynny. Dwi'n cofio'r rhif o hyd – Amman Valley 3355.

Bydden i wedi cynhyrfu cyn mynd mewn i'r siop, achos ro'dd taffish neis 'da nhw mewn drâr o'dd yn sleido dan y ford, ac os o'n i'n *good girl*, ro'n i'n cael taffen. Bydde Anti Annie'n rhoi hanner coron i fi a gweud, 'Nawr, peidiwch â gweud dim wrth Wncwl Wil am hwn.' Yna fydden i'n gweld Wncwl Wil mewn ystafell arall, a fydde fe'n neud yn gwmws yr un peth, a gweud wrtha i am beidio gweud wrth Anti Annie. Wnes i lot o arian fan'na! Yr unig bobol o'n i'n gallu sôn am hyn wrthyn nhw o'dd Anti Margaret (chwaer fy nhad) a Nana Waun, o'dd yn meddwl bod y cyfan yn ddoniol iawn.

Wel, fe es i mewn i'r siop un diwrnod, a'r diawlineb 'ma ynddo i, ac yn gobeithio gelen i syrfio tu ôl i'r cownter – ro'n i'n dwlu ar syrfio – ac fe ges i. Ro'n i wedi bod yn ferch dda, felly fel ro'n i'n gadael y siop dyma Wncwl Wil yn rhoi arian i fi – nid hanner coron, ond papur punt! 'Paid gweud dim wrth Anti Annie,' medde fe. 'Wna i ddim. Diolch yn fawr iawn, Wil Cochyn,' wedes i. Wel, os do fe! Aeth e'n goch fel bitrwt, a'n tshaso fi mas drwy'r drws. Gyrhaeddes i 'nôl i dŷ

Nana mas o wynt, a hithe'n gofyn, 'Beth sy'n bod, bach? Beth sy'n bod?' Yn betrusgar iawn, dyma fi'n gweud, 'Fi sy wedi galw Wncwl Wil yn Wil Cochyn' – a dyma hi'n gweiddi arna i i fynd 'nôl i weud 'sori', strêt! Ro'n i mewn trwbwl 'da *hi* nawr ar ben popeth!

Ro'n i'n teimlo'n nerfus iawn wrth gerdded 'nôl i'r siop, a bron hanner ffordd rhwng y tŷ a'r siop yn teimlo wedi nhrapo. Ofn ymddiheuro o'n i, ond ro'dd rhaid i fi neud. Cymeres anadl ddofn, a mewn â fi i wynebu Wncwl Wil, a wedodd e rywbeth fel 'yr hen scramen fach', a neud rhyw sŵn 'hmph!' dan ei wynt, a gofyn i mi ble o'n i wedi clywed y geirie 'Wil Cochyn'. O mawredd, feddylies i – be weda i nawr? 'Nana!' meddwn i'n sydyn, a chael fy hunan mewn mwy o drwbwl fyth. Ro'n i'n ffaelu'n enaid â dod mas o hwn. Does byth bwynt gweud celwydd, ond falle dylen i fod wedi neud yn yr achos yma.

Ro'n i'n dwlu ar Wncwl Wil, achos ro'dd e wastad yn teithio. Ro'dd fan drydan 'da fe, a chi o'r enw Pal, ac ethon ni am lawer o dripie lan i'r Mynydd Du ac i ardal Ystradgynlais, a chwrdd â phobol a siarad. (O Ystradgynlais ro'dd ei deulu fe'n dod; ro'dd yr awdur Ewart Alexander yn perthyn iddo.) Bydde Wncwl Wil yn prynu hufen iâ i fi yn Cresci's ar y Waun i gwpla'r trip. Dyddie ffantastig!

Ro'dd gan Wncwl Wil recordydd tâp hefyd, a bydde fe'n fy recordio'n canu a siarad dwli. Ro'n i'n gallu neud iddo fe chwerthin – dyna beth o'dd y gyfrinach, dwi'n credu. Wncwl Wil, mewn blynyddoedd, berswadodd Dad i adael i fi berfformio. Wedodd Dad wrtha i rywbryd fy mod i wedi rhoi llawer o hapusrwydd i Wncwl Wil ac Anti Annie, gan eu bod nhw heb gael plant eu hunain. 'Gad 'ddi fynd, nawr, John,' wedodd e wrth Dad, 'ma' fe yn ei gwaed hi.'

Pan o'n i tua naw oed, ro'n i wrth fy modd yn cael helpu Mr Jones Lla'th 'da'i rownd laeth. Ro'dd e'n cerdded o gwmpas y strydoedd 'da phram llaeth – rhyw fath o gert 'da olwynion tebyg i olwynion beic – a *crates* o laeth yn y pram. Yn y *crates* ro'dd rhai poteli chwarter peint a rhai hanner peint. Ro'dd cael rhoi'r poteli 'ma ar stepen drws pob tŷ yn fodd i fyw i fi; ro'n i'n dwlu cael ei helpu fe bob bore Sadwrn. Dwi ddim yn gwbod hyd heddi pam ro'n i'n mwynhau hyn cymaint! Yna, ar ôl cwpla, fydden i'n cael chwe cheiniog am y gwaith. Dwi'n credu imi fynd ar ei nerfe fe yn y diwedd, achos mod i'n ei ddala fe 'nôl – ro'dd gen i goese byr, a do'n i ddim digon clou iddo fe. 'Nes i hyd yn oed dynnu Tricia Jones, y Bank (Danks yw hi nawr) – fy ffrind – i mewn i'r fenter. Ro'dd hi wedi symud i fyw 'da'i theulu i Bryn Road o Groesoswallt. Chware teg iddo fe, fe adawodd e i ni'n dwy ei neud e am gwpwl o wythnose ond, ar ôl hynny, bob tro ro'n i'n cynnig fy ngwasanaeth, bydde fe'n gweud, 'Na, dwi'n iawn heddi, Gillian fach. Diolch yn fawr i chi 'run fath!' A dyna ddiwedd ar yr antur yna.

Rhaid fy mod i'n dipyn o domboi, achos bu'n rhaid mynd â fi sawl tro at y doctor i gael pwythe. Y tro cynta o'dd y tro hwnnw pan syrthies i o'r gadair uchel 'na. Ces ddamwain go gas ar y beic hefyd, pan o'n i'n ddeuddeg oed, ac mi gododd honna ofn arna i. Ro'n i wrth fy modd ar gefn 'y meic, ond, un diwrnod, ro'n i'n reido lawr Bryn Road, a dyma gar yn dod tuag ata i a fflachio'i oleuade. Ces banig a thrio stopo 'da nhraed, ond ro'n i'n mynd llawer rhy glou; yna fethes i symud gan fod yr *handlebars* wedi wejo mewn i fy nghoes. Llefen, bois bach, peidiwch â sôn! Pwythe eto, felly – y tro 'ma yn fy nghoes, lle'r aeth dolen y brêc i mewn i dop y goes a dim ond jest osgoi'r brif wythïen. Dwi'n cofio cnoi bys

Dadi tra bod y doctor yn gwnïo'r pwythe. Ych a fi. Mae'r graith yna hefyd 'da fi o hyd.

Bob blwyddyn, yn ystod gwylie'r haf, fydden i'n dala bws lliw marŵn y Western Welsh er mwyn mynd i weld Nana Ammanford – Elizabeth Jones (Edwards cyn priodi), mam fy mam – yn ogystal ag i weld Nana Waun. Elizabeth Thomas (Jones cyn priodi) o'dd enw llawn Nana Waun. Ro'dd hi'n cael ei nabod fel 'Bessie'r Cae' – ei rhieni o'dd piau'r Cae Gurwen Arms, ac ro'dd hi'n un o bump o blant, sef Bessie, Annie, Jennie, May a David. Pan ethon nhw i'r capel un tro, geson nhw'u hala mas achos eu bod nhw'n blant i dafarnwr! Ro'dd Anti Jennie'n cadw siop daffish o'r enw Siop y Cae, ac ro'n i'n joio mynd i fan'na hefyd pan o'n i'n ferch fach; symudodd Anti Jennie ac Wncwl Michael o'r siop pan o'n i tua deg oed. Dwi'n dal i fod mewn cysylltiad â'u mab, John Michael.

Ro'n i ishe plesio pawb bryd hynny – 'smo rhai pethe'n newid! – a byth yn blino mynd i weld y ddwy Nana. Fydden i'n mynd i Rydaman, a wedyn lawr i'r Waun ar y bws 'da Dadi, am gyfnod. Ro'dd gwynt arbennig i sedde'r bws, yn ogystal â'r gwynt petrol. Ro'n i wastad yn dost wrth deithio lawr i'r de, a bu'n rhaid stopo'r bws sawl tro i mi gael towlu lan! Os o'dd rhywun yn smoco, ro'n i'n mynd yn dost strêt awê. Ro'dd Mami a Dadi'n smoco, ond byth yn neud hynny ar y bws pan o'dd Alun a fi 'da nhw – o leia, ddim nes bo ni bron â chyrra'dd Rhydaman, a gwbod bod y daith ar fin dod i ben. Ro'dd y bws yn mynd trwy Derwydd a Llandybïe – ffordd ddigon troellog, igam-ogam, ac o ganlyniad ro'n i'n wyn fel y galchen erbyn cyrra'dd pen y daith.

Fwy nag unwaith, dwi'n cofio bod Mr Slaymaker (tad Gary Slaymaker) ar y bws, a bydde fe'n joio tynnu coes.

'Allwch chi fynd i Landybïe heb weud "ie"?' fydde'i gwestiwn bob tro. 'Trwy'r hewlydd neu'r caee?' medde fe wedyn, gan ynganu'r 'caee' fel 'cîe'. 'Gellwch, trwy'r cîe,' fydden i'n ateb. 'Ti *wedi* gweud "ie"!', medde Mr Slaymaker. 'Wel shwd 'ny?' fydden inne'n gofyn – bob tro! 'Ti *wedi* gweud "ie" wrth weud "cîe"!'

O sôn am Mr Slaymaker, wnes i dreial arholiad Cemeg yn yr ysgol fawr flynyddoedd wedyn, a chael pedwar ar hugen o farcie mas o gant. Ro'n i'n *prefect* ar y pryd, a glywes i fe'n gweud wrth Dad – 'Twel, Tomos, ro'dd rhaid i fi roi *rhyw* fath o farc lawr iddi, felly rois i ddau ddeg pedwar mas o gant iddi hi dim ond am y deiagrams!' Dwi'n cofio hefyd Mr Slaymaker yn mynd â chriw ohonon ni ar drip ysgol i'r Swistir pan o'n i tua phymtheg oed. Pan o'n ni ar y trên, ddalodd e Pamela ('Natalie Wood'!) a finne mewn *compartment* llawn o fechgyn o'r Alban, y ddwy ohonon ni'n trial cwato'r ffaith bo ni'n smoco. Dyma fe'n pigo'i ben rownd y drws, a gweud, 'Dewch nawr, ferched, mas o fan hyn glou' – a'r ddwy ohonon ni'n straffaglu i gwato'r sigaréts, a'r mwg yn codi o'r tu ôl inni!

Ro'dd Mami a Dadi yn siarad y ddwy iaith – Cymraeg pan o'n nhw'n sifil, a Saesneg pan o'n nhw'n cwmpo mas! Fe sylwch bod fy iaith i'n cynnwys tamaid o Lanbed, tamaid bach o Rydaman, a thamaid o Waucaegurwen. Diolch i'r ddwy Nana, fydden i'n gweud 'taffish' yn y Waun, 'loshin' yn Rhydaman, a 'switsen' 'nôl yn Llanbed. Ro'n i'n mynd yn ddryslyd weithie, a ddim yn gwbod pa air i'w ddefnyddio. Dwi'n dal i deimlo fel'na weithie.

Cyrra'dd Preswylfa – tŷ Nana Ammanford ac Anti Lyn – ar ôl bod yn dost ar y bws, a bydde 'na ffagots a phys cartre'n aros amdanon ni! Ro'dd Nana Ammanford yn arfer perchen siop yn Ffairfach (26 Towy Terrace) ac yn neud llawer o ddillad ei hunan, a hefyd yn neud bwyd pan o'dd Sioe Ffairfach a Llandeilo. Ro'dd Anti Lyn, chwaer fy mam, wastad yn neud *sponge* ffantastig 'da *icing* pinc arni. Bu Anti Lyn yn asgwrn cefn i fi drwy mywyd ar ôl i fi golli Mami. Ma' hi newydd gael ei phen blwydd fis Rhagfyr diwetha yn naw deg un oed. Cewch chi fwy o'i hanes hi nes mla'n.

Cwrddes i â ffrind newydd yn ystod y gwylie yn Rhydaman – Nest Powell (Parish, erbyn heddi). Ro'dd ei mam, Mrs Lilian Powell, yn ddirprwy brifathrawes yn Ysgol Gyfun Ystalyfera ar un adeg, ac yn ffrindie mawr 'da Anti Lyn. Er bo ni'n ifanc iawn pan gwrddon ni (dim ond rhyw dair oed), do'dd hi byth yn colli mharti pen blwydd i ganol haf ar Awst y 10fed. Fe ddethon ni'n ffrindie mawr, ac r'yn ni'n dal i gadw cysylltiad hyd heddi. Ro'dd hithe ishe actio hefyd, ond ro'dd hi'n becso bod dim sicrwydd yn y busnes ac fe aeth hi'n athrawes Drama yn Ysgol Dyffryn Aman. Dwi'n dal i weud wrthi bod hi byth yn rhy hwyr!

Ro'dd Nana Waun yn *strict* ofnadwy, yn wahanol i Nana Ammanford. Dwi'n cofio pan wisges i fasgara ar fy llygaid am y tro cynta, lawr ar y Waun – rhyw ddeuddeg oed o'n i ar y pryd – wedodd hi, 'Beth chi 'di neud nawr? Chi'n dishgwl fel un ohonyn *nhw*!' 'Masgara yw e,' medde fi'n hyderus i gyd. 'Tyn y blac lèd 'na o dy lyged *nawr*. Ti rhy ifanc i neud shwd beth.' ('Ti' o'dd hi'n gweud pan o'dd hi'n grac.) A dyna fu raid i fi neud. Llefen wedyn! Ro'n i'n dal i ddwlu ar Nana Waun, achos ro'dd hi'n gymeriad, ac ro'dd hi'n dwlu arna i hefyd. Mo'yn y gore i fi o'dd hi.

Ro'n i'n dynwared Nana Waun, ac ro'dd hi wrth ei bodd 'da hynny. Y cyfan ro'n i'n ei neud o'dd cerdded at y lle tân 'da bwced o lo, a rhoi glo ar y tân. Ro'dd hi'n broses reit hir, achos ro'dd gwynegon 'da Nana – ro'dd hi'n hercian ar un goes ac ro'dd y goes arall 'bach yn stiff. Bydde Anti Annie a hithe'n joio gweld fi'n hercian 'da'r bwced. Yna bydden i'n dynwared Anti Annie yn smoco o fla'n y tân – ei choese tamaid bach ar led, fel bo chi'n gallu gweld ei blwmers lliw croen pinc, a thop ei sane wedi cael eu dala lan 'da *garters*. Bydde hi'n cymryd oes i dynnu'r mwg i mewn, ac ro'dd ei llygaid hi'n blinco fel 'se cywilydd arni fod hi'n neud shwd beth! (Fe ddefnyddies i'r foment yma, flynyddoedd wedyn, pan o'n i'n chware rhan gwraig debyg i Anti Annie mewn drama o'r enw *Boio*.) Deuddeg oed o'n i pan fydden i'n dynwared Nana Waun a Anti Annie fel hyn, ac ro'n i wrth fy modd yn eu clywed nhw'n chwerthin.

Ro'n nhw'n awyddus i fi ganu o fla'n eu ffrindie hefyd – pobol nad o'n i erio'd wedi'u gweld o'r bla'n. Os fydden i'n dda, fydden i'n cael 2/6 am ganu – o'dd yn lot o arian bryd hynny. Ro'dd y perfformio'n gallu mynd yn fwrn weithie, achos bob tro fydden i'n mynd i dŷ rhywun, fydde fy modryb neu Nana yn gweud, 'Dewch nawr – canwch gân fach i ni, Gillian.' Weithie ro'n i'n teimlo fel tawn i'n forlo mewn sŵ! Do'n i ddim yn hoff iawn o'r teimlad yna. Ond ro'n i *yn* lico neud *entrances*, a rhoi syrpréis i bobol. (Ro'n i'n dueddol o neud hyn yn fy mywyd go iawn hefyd ar un adeg, ond erbyn heddi – diolch byth – dyw hynny ddim yn digwydd. Dim ond ar lwyfan dwi'n neud yr *entrances* erbyn hyn!)

Dwi'n cofio, hefyd, mynd ar wylie i wersyll Butlin's, Pwllheli. Ro'dd gwylie mewn *camp* yn siwtio pobol fel fy rhieni i'r dim: ro'dd patrwm i bob dydd – tebyg iawn i'r fyddin – ac ro'dd Mami a Dadi yn teimlo'n gartrefol iawn yno. Dyna pam o'n nhw'n athrawon, ma'n debyg!

Gwiddodd fy nhad a'm mam yn yr Emergency College yn Llandrindod ar ôl y rhyfel. Ro'dd Dad wedi treulio cyfnod yn y Medical Corps a chael chwe medal, ac wedi teithio i'r Eidal – lle ro'dd e wedi canu ar lwyfan 'da Harry Secombe – a Gogledd yr Affrig, a Gwlad yr Iâ am ddwy flynedd. Bu Mami yn yr ATS a chael dwy fedal.

Ro'dd nifer o'r gwersylloedd yn dal mewn bod ers yr Ail Ryfel Byd, a pha ffordd well i'w defnyddio nhw na'u troi yn llefydd gwyliau? Joies i'n arw yn Butlin's, achos ro'dd fy mrawd a finne'n gallu crwydro'n rhydd o gwmpas y gwersyll heb ein rhieni, gan fod Redcoats yno i ddishgwl ar ein hole ni. Ro'n i'n enjoio fy hun gymaint fel bu raid i Dad ddod i chwilio amdana i ddwywaith yn ystod yr wythnos. Y tro cynta, ffeindodd e fi'n mynd ar wib ar *roller skates* yng nghanol criw o bobl o'dd lawer yn hŷn na fi. Ro'n nhw'n mynd rownd a rownd a rownd, nes yn y diwedd ro'ch chi'n cwpla yng nghanol y dorf a methu dod mas o'r canol. Welodd Dad fi reit yn eu canol nhw, a dwi'n cofio'i weld e yn yr ochr, 'da sigarét Capstan Full Strength yn ei geg, yn gweiddi 'Gillian!' ac yn neud stumie arna i i fynd draw ato fe'n glou. Ro'n i'n gallu'i weld e'n gweud o dan ei anadl, ''Rhen fitsh fach' – ond ro'dd ei lygaid yn dangos ei fod e'n falch bod e wedi'n ffeindo fi!

Yr ail dro i mi fynd ar goll o'dd pan es i i weld Dennis Lotus yn canu. Ro'dd e'n enw adnabyddus yn y chwedege cynnar, ac yn canu'n debyg i Matt Monroe. Ro'n i wedi cael fy hudo wrth eistedd yn y gynulleidfa, nes i'r *usherette* sheino tortsh yn fy wyneb, a gweud, '*There* she is; she's been in here for hours – this is the second show!' Ges i uffach o row. Dad yn pregethu bod pawb wedi bod yn chwilio amdana i ac yn becso. Ro'dd Dad yn ymddangos i mi yn berson gorgarcus. Ond, erbyn heddi, a finne yn fy mhumdege, dwi'n gallu deall y panig achoses i – ma' gan fy nghariad, Mick, ferch fach o'r enw Eibhlis, ac mae Mick yn ymddwyn yn gwmws fel ro'dd fy nhad 'da fi, ac mae'n dod â gwên fach i ngwyneb i bob tro dwi'n gweld y ddau 'da'i gilydd. Er, dyw Mick ddim yn ei galw hi'n 'fitsh fach'!

Heblaw am y gwylie yna'n Butlin's, ac ymweld ag aelode o'r teulu, dwi ddim yn cofio i ni gael llawer o wylie bant fel teulu bach – Mami, Dadi, Alun a finne. Ond dwi *yn* cofio gwylie mewn carafán yng Nghei Bach pan o'n i'n bedair oed – carafán Mr a Mrs Oliver Williams. Mae'r ddau yma wedi ennill cryn glod dros y blynyddoedd am eu cyfraniad i fyd y ddrama yng Nghymru – nid mod i'n gwbod hynny ar y pryd, ond mae'n eironig o ystyried y llwybr ddewises i'n ddiweddarach yn fy mywyd.

Dwi wedi sôn eisoes bod gwynt (neu arogl) pethe'n golygu llawer i fi, ac yn dwyn atgofion 'nôl yn gryf iawn – gwynt glo, gwynt y tywod yn yr ysgol, gwynt seti'r bws – a dwi'n dal i gofio gwynt y garafán yna yng Nghei Bach. Ethon ni yno fel teulu, ond fuon ni ddim yno'n hir. Arllwysodd hi'r glaw bron iawn drwy'r amser tra buon ni yno, a bu'n rhaid mynd sha thre yn gynnar. Dwi'n siŵr ei bod hi wedi bod yn anodd ofnadwy i'n rhieni i gadw Alun a finne'n hapus a diddig mewn carafán am ddyddie. Ond byth ers y gwylie hynny, dwi wedi dwlu ar garafanne, a falle bo'r profiad hwnnw wedi cyfrannu'n fawr at y ffaith bod gen i nghartre symudol fy hun erbyn hyn.

Pan o'n i tua un ar ddeg oed, ro'dd trip yn mynd o'r ysgol i Langrannog, a chafodd pawb fynd ond Anne Williams (Hickey erbyn heddi) – ffrind da arall, o Shiloh House gynt – a finne. Ro'dd Mami a Dadi ofn fy ngweld i'n mynd.

Digwyddodd 'run peth 'da gwylie i'r Swistir pan o'n i yn fy arddege – Dad yn gwrthod gadael i fi fynd a gweud bo ni'n ffaelu fforddio'r trip, ond y gwir amdani o'dd bo fe ofn imi fynd. Ces i strops a llefen, ond o'dd dim symud ar Dad. Fel digwyddodd hi, yn ystod yr wythnose canlynol, enilles i arian ar y *premium bonds* – hanner can punt, mwy na hanner cost y trip – felly fynnes i mod i'n cael mynd, a thalu'r rhan fwya o'r gost fy hunan. Do'dd dim dewis 'da Dad ond gadael i fi fynd. 'Yr hen fitsh fach' o'dd hi 'to! Joies i'n fawr, ac ma' caneuon fel 'Something in the Air' gan y band roc Americanaidd Creedence Clearwater Revival yn dal i'n atgoffa i o'r gwylie hynny.

Yr unig wylie arall geson ni fel teulu o'dd pan ethon ni i Gaerdydd am wythnos ac aros yn y Richmond Hotel yn Richmond Road, pan o'n i rhyw dair ar ddeg oed. Ethon ni am y dydd i sŵ Bryste, ac fe dwtshodd trwyn eliffant law Mami wrth iddi roi afal iddo. Sgrechodd hi a chwerthin 'run pryd! Aeth Dadi â ni lan mewn trên i weld y Rhondda, yna bws i Sain Ffagan, a cherddded i'r Amgueddfa. Dwi'n cofio ni'n cerdded sha thre drwy'r strydoedd, a fi ar y bla'n yn gweiddi '*Echo*'! Ro'dd Mami a Dadi'n ffaelu deall o ble ro'dd y llais 'ma'n dod – ro'dd Alun a finne wedi meistroli llais y bois o'dd yn gwerthu'r papur dyddiol ar y stryd i'r dim.

Heblaw am wylie felly, a chyrsie drama yn Aberaeron, Aberystwyth a Chaerfyrddin, ychydig iawn o wylie dwi'n cofio'u cael. Hyd yn oed pan o'n i yn y coleg, mynd 'nôl at Dad o'n i'n neud yn y gwylie, yn hytrach na mynd bant; ro'n i'n teimlo y dylwn i dreulio amser 'da fe, achos ei fod e ar ei ben ei hunan ar ôl colli Mami. Mi ddaliodd Dad i boeni amdana i'n mynd bant trwy ei oes.

Ces fy nghodi yng Nghapel Soar, capel yr Annibynwyr.

Dwi'n cofio Alun a'i ffrind, Owen Evans, yn cael row un tro yn y gymanfa ganu. Ma' hiwmor unigryw, a gweud y lleia, 'da Alun. Yn ystod y gwasanaeth, dyma'r gweinidog yn dechre mynd i 'hwyl' a gofyn, 'O ble mae'r golau'n dod?' Saib, a neb yn ateb. Gofyn wedyn, 'O ble mae'r golau'n dod?' Yna'r trydydd tro, gydag arddeliad, gan bwysleisio difrifoldeb y cwestiwn – 'Dwedwch wrtha i, *o ble mae'r golau'n dod?*' A medde Alun – 'Lamp!'

Un o uchafbwyntie dydd Sul i mi o'dd y cinio. Ers pan o'n i'n ddim o beth, ro'n i'n enjoio cinio dydd Sul, a dyna fy hoff bryd o hyd. Yr adeg honno, fydden ni'n bwyta cig eidion, tatws, cabaits, moron, swêds, Yorkshire pudding a grefi – ac wedyn pwdin reis i gwpla! Fydde hyn yn digwydd bob dydd Sul, a bydden ni'n yfed Dandelion & Burdock 'da'r cinio.

Bu Soar a'r ffrindie 'nes i yno yn ddylanwad mawr arna i, a ches gyfleoedd gwych yno hefyd. Dwi'n hynod ddiolchgar am hynny. Un o'r criw ffrindie o'dd Meinir Jones-Lewis, sy'n dal yn ffrind mawr i mi heddi. Ma' hi'n un o'r goreuon yn y byd coluro erbyn hyn, ac wedi'n helpu i i greu nifer o gymeriade dros y blynyddoedd. Ma' Meinir wedi gweithio ar sawl ffilm fawr, ac yn cael galwade i weithio 'da nifer o sêr ar draws y byd. Nid yn unig ma' hi'n wych yn ei gwaith, ma' hi'n lot o sbort hefyd – r'yn ni'n chwerthin am yr un pethe.

Ro'dd Meinir yn ffrind agos iawn i Myfanwy Talog. Dwi'n teimlo'n lwcus iawn i mi gael y fraint o weithio 'da Myfanwy – actores amryddawn o'dd yn cymryd ei gwaith o ddifri, ond yn gallu cael sbri yr un pryd. Ddysges i lawer wrth weithio 'da'r ddwy. Dwi'n cofio mynd i Lundain un tro, tua dechre'r wythdege, ac aeth Meinir â fi i salon Daniel Galvin i gael fy ngwallt wedi'i neud. Gostiodd e dros ganpunt – bryd hynny! Ffortiwn – ro'dd ishe clymu fy mhen! Ta waeth, wrth i ni deithio mewn i'r ddinas, bason ni Julie Christie, o'dd yn cario placard fel rhan o ryw brotest neu'i gilydd. Dyma fi'n sgrechen – 'Hei, Julie Christie o'dd honna!' 'Ble?' ofynnodd Meinir. Wydden i ddim bod y ddwy ohonyn nhw newydd gwpla gweithio 'da'i gilydd ar ffilm. Wedes i wrth Meinir, 'Hi yw'n arwres i' – ac ma' hi wedi bod felly erio'd, ers i mi ei gweld hi yn *Doctor Zhivago*, *Shampoo*, *Don't Look Now* ac ati. Ro'n i ishe *bod* fel Julie Christie. 'Cei di gwrdd â hi nawr,' medde Meinir.

Wel, ro'n i bron ffaelu anadlu. Stopodd Meinir y car, a dyma'r ddwy ohonon ni'n rhedeg lan y stryd fel dwy gath wyllt, a Meinir yn galw, 'Julie!' Droiodd Julie at Meinir a gweud 'Meinir!' ac yna, yn ei ffordd unigryw ei hun, mi gyflwynodd Meinir fi i f'arwres. Meddyliwch, 'This is Gillian Elisa from Lampeter' – jest fel'na! Yr unig beth o'n i'n gallu weud o'dd, 'Pleased to meet you' mewn acen blentynnaidd, ac mewn llais o'dd wedi codi rhyw ddau ddesibel. Ro'dd Gillian Elisa from Lampeter wedi colli'r plot yn llwyr, a bron yn ffaelu siarad achos ei bod hi mas o wynt ar ôl rhedeg! Dwi ddim yn gwbod beth sy'n digwydd i fi pan dwi'n cwrdd â phobol sydd wedi bod yn ddylanwad arna i – dwi fel 'sen i'n colli deugen mlynedd, ac yn ymddwyn fel merch fach sydd newydd gael hufen iâ. A dwi'n *dal* i neud e!

Ond 'nôl at ddyddie Soar. Ro'dd Meinir yn gallu adrodd yn dda yn y capel. Hi ac Eirlys ei chwaer o'dd y gore. Ro'dd y ddwy'n gallu cyflwyno eiteme gwych, ac ro'dd pawb yn edrych mla'n at eu clywed nhw'n adrodd. Dau arall o'r criw o'dd David Evans a Graham Evans – aeth y ddau yma i'r Amerig i ennill eu bywoliaeth. Wedyn ro'dd Melanie, Desnee, Stuart ac Annette – plant Alun a Dorrie Lloyd, y

Siop Chips (lle ro'dd y sglodion gore yn y byd!). Ro'n i'n ffrindie mawr 'da Annette; ro'dd hi'n agosach at fy oedran i na'r lleill. Fe aeth Desnee i Lundain pan o'dd hi'n un ar bymtheg oed, i neud cwrs harddwch. Pan ddaeth hi 'nôl ar ei gwylie, ro'dd colur ei llygaid hi'n ffantastig a gofynnes iddi goluro fy llygaid i yn yr un ffordd. Rhoddodd *false eyelashes* ar fy llygaid, ac mi newidiodd fy mywyd. *False eyelashes* o'dd *y* peth i fi ar ôl y profiad yna. *Top and bottom eyelashes* o'dd hi yn y chwedege cynnar – ar y pryd, ro'n i'n edrych fel Daisy the Cow! Dwi'n dal i wisgo rhai ffals o hyd, ond ma' gwisgo set waelod wedi mynd yn henffasiwn erbyn hyn. Dwi wedi symud mla'n – dwi'n gwisgo *individual false eyelashes* nawr!

Ro'dd Derec Brown yn un arall o'r criw. Dwi'n cofio tshaso Derec ar ei feic, a hales i nodyn ato fe yn gweud bo fi lico fe, a gofyn a fydde fe mo'yn mynd mas 'da fi? Ro'n i'n ddeuddeg oed! ('Na chi ewn!) Dwi'n cofio'i weld e'n chwerthin mas yn uchel o mla'n i a'i ffrindiau, yna'n reidio'i feic fel ffŵl i nghyfeiriad i, ac yn gweiddi ar dop ei lais yn fy wyneb, 'NA!' – ac off ag e ar ei feic, yn giglan. Flynyddoedd wedyn ofynnodd Derec i fi neud lleisie cefndir ar ei albwm e – ro'n i'n *chuffed*. Wrth gwrs, do'dd e'n cofio dim am yr hyn ddigwyddodd gynt – medde fe – ond ro'n i'n cofio. Ma' Derec wedi tynnu nghoes i erio'd.

Nethon ni ganu yn Steddfod yr Ysgol un tro – 'I'm a Believer', cân y Monkees, yn Gymraeg. Fi, Tricia Jones (Danks), Llinos Jones (Rogers, ddaeth yn un o grŵp y Perlau), a Derec ac Anne Williams (Hickey) o'dd ar y gitare. Dyna pryd ddysgodd Derec 'dri cord' i fi ar y gitâr. Ro'dd *dance routine* 'da ni a phopeth! Ro'dd y gân yna'n hit ar y pryd, ac ro'n ni'n gorfod ei chanu hi ym mhobman – amser cinio, amser egwyl yn y prynhawn. Dyna beth o'dd joio, a phlannu rhagor o hade ar gyfer y dyfodol. Enillon ni hefyd!

Un o'r profiade cynta ges i o weld unrhyw fath o berfformiad o'dd pan ddôi'r syrcas i Lanbed bob blwyddyn. Ro'n nhw'n codi'r babell ar gae'r ysgol, ac ro'dd pawb yn cynhyrfu. Dwi'n cofio gweld eliffant a llefen, achos ro'dd ofn arna i. Y peth greodd yr argraff fwya arna i o'dd pan ddales i bip ar y berfformwraig *trapeze*, gyda'i gwallt hir fflamgoch, trwy ffenest ei charafán fel ro'n i'n mynd mewn i'r babell – yn paratoi'i hunan i fynd mewn i berfformio. Ro'dd y colur yn anhygoel. Ro'dd y 'Big Top' yn teimlo'n anferthol bryd hynny, a phan ddaeth hi mewn yn ei gwisg liwgar *glitzy* i fynd ar y siglen, ro'n i wrth fy modd. Ac, wrth gwrs, dyna ni wedyn, dyna beth o'n i ishe bod – perfformiwr *trapeze*!

Ces i'r siawns ymhen blynyddyddoedd o wisgo lan fel hyn ar un o raglenni Ronw Prothero – *Codi'r To*. Wnes i sgets a chanu cyfieithiad o 'People' yn y Gymraeg, yn sôn bod fy mhartner i wedi ngadael i lawr ar y funud ola, a bo fi'n ffaelu mynd ar y siglen hebddo fe yn fy nala i. Rhyfedd, 'te? Ces i'r siawns hefyd o actio mewn drama lwyfan o'r enw *Y Syrcas* yn nes mla'n yn fy ngyrfa, gyda Gaynor Morgan Rees, Stewart Jones, Glyn Williams (Glyn Pensarn), Janet Aethwy a Carys Llewelyn. David Lyn o'dd y cyfarwyddwr, ac ethon ni â hi ar daith o gwmpas Cymru. Ro'n i wrth fy modd 'da'n rhan i, ond ro'dd rhaid i mi golli lot o bwyse, achos fi o'dd perfformiwr y *tight rope* a'r *trapeze*, a rhaid o'dd edrych yn slim mewn tw-tw! Os dwi'n gorfod neud rhywbeth, mi wna i e gydag ymroddiad llwyr, ac mi golles i'r pwyse! (Gyda llaw, *Syrcas* o'dd y tro ola i Glyn Pensarn actio ar lwyfan. Ro'dd y perfformiad ola'n un trist ofnadwy, achos ro'dd e'n chware clown o'dd wedi blino ar fod yn ddoniol, ac yn dechre mynd yn rhy hen i neud y gwaith bellach. Ro'dd Glyn yn actor a pherson â'i draed ar y ddaear.)

Ro'dd hi'n anrhydedd hefyd cael actio ar y llwyfan 'da Gaynor. Bu Gaynor hithe'n *role model* i fi o'r cychwyn cynta – ma' hi mor broffesiynol a chanddi bresenoldeb unigryw, ac ar ben hynny ma' hi wedi cadw golwg ar fy ngyrfa i ac wedi rhoi ambell 'tip' gwerthfawr i fi. I fi, Gaynor a chriw tebyg iddi ddangosodd y ffordd mla'n i ferched yn y byd actio yng Nghymru. Gaynor, Lisabeth Miles, Beryl Williams, Sharon Morgan, Christine Pritchard, Maureen Rhys, Olwen Rees, Menna Gwyn, Iris Jones a Betsan Roberts – rhain ydi'r eicons yn fy myd bach i; dyma'r actorese dwi'n eu cofio gafodd ddylanwad aruthrol ar fy ngyrfa i ar y cychwyn, ac a fu o help mawr i mi hefyd. Ma' nhw'n sbeshal iawn.

Ond yn ôl at y lle sbeshal hwnnw – Llanbed! Ro'n i'n dwlu ar y ffair pan o'n i'n blentyn. Yr arogl i ddechre, yna'r sŵn a'r gerddoriaeth. Bob tro bydde'r ffair yn dod i Lanbed, ro'n i'n ecseito'n lân wrth feddwl am y *bumpers* a'r *waltzers*, a'r bois cyhyrog 'da'r *chewing gum* a'r tatŵs erchyll ar eu breichie yn ein troi ni rownd a rownd ar y *waltzers* nes bo ni'n colli rheolaeth ar y sgrechen, a'r candi fflos yn stico ar ein dwylo fel gliw. Ro'dd y gerddoriaeth yn mynnu bod yn uchel, a hynny reit o fla'n Capel Soar, o'dd fel hafan lwyd urddasol yng nghanol y gwallgofrwydd a'r môr o liwie llachar. Fydden i byth yn colli'r achlysur, a fydden i'n mynnu ennill pysgodyn aur o'dd yn siŵr o farw ar ôl wythnos! Dwi'n dal i fwynhau cerdded o amgylch unrhyw ffair hyd heddi – dwi'n galw'n hunan yn ferch ffair weithie, pan dwi'n gwisgo gormod o 'jingalêrs'!

Ces brofiade cynnar o berfformio yn Eisteddfodau'r Urdd hefyd yn blentyn – ro'n i'n aclod cyson o'r Urdd yn yr ardal. Miss Mari James a Mr Dan Williams o'dd yn gyfrifol am redeg pethe yn yr Urdd yn Llanbed, ac ro'n nhw'n dîm da. Mam Delyth Medi (cyn-aelod o grŵp Cwlwm) – Miss Williams i ni bryd 'ny – fydde'n chware'r piano. Ro'dd Miss James yn *strict* iawn 'da ni – do'dd hi ddim yn goddef nonsens o gwbwl gan neb – ond ro'dd hi'n cael canlyniade gwych odd' wrthon ni i gyd. Enillon ni sawl gwaith yn y Genedlaethol 'da'r côr dan arweiniad Mr Dan Williams, a 'da'r dawnsio gwerin dan arweiniad Miss Mari James. Enillodd fy mrawd hefyd yn y gystadleuaeth parti dawnsio gwerin yn y Genedlaethol un flwyddyn.

Wrth edrych 'nôl, ro'dd e'n gyfnod cyffrous iawn. Dyma pryd sylweddoles i mod i wrth fy *modd* yn perfformio ar lwyfan. Dyna hefyd pryd y sylweddoles i am y tro cynta mod i'n berson cystadleuol iawn! Ro'dd Steddfod yr Urdd yn bwysig iawn i ni fel plant ysgol – i fi, fel i filoedd o blant Cymru, dyna'r cyfle cynta i berfformio ar lwyfan mawr a chael blas ar hynny. Er, dwi'n cofio mynd yn ypsét iawn un tro bod rhywun wedi splasho dŵr brwnt ar fy nheits gwyn glân cyn i mi berfformio!

Ro'dd canu ac adrodd yn bwysig, ond canu penillion o'dd y joio mawr. 'Mi garwn i gael carafán / I fynd o hyd o fan i fan' o'dd geirie un unawd ganes i – o'dd, wrth gwrs, jest y geirie i fi, a finne'n dwlu ar garafanne. Dwi'n cofio Miss James yn gweud wrtha i ar ôl i mi ddod bant o'r llwyfan – 'Ganoch chi honna'n *dda*!' Er nad es i ddim pellach na'r Eisteddfod Sir 'da'r garafán arbennig yna, mi wnes i wir fwynhau. Mi es i mor bell â'r Genedlaethol un flwyddyn 'da'r ddeuawd, ond cheson ni ddim llwyfan yn fan'no – fi ac

Ann Evans (Thomas), merch Nancy a Handel Evans – geson ni gam!

Enilles i ar yr unawd canu penillion sawl gwaith yn Eisteddfod Llanbed, ond pan o'n i'n cyrra'dd yr Eisteddfod Sir ro'dd rhaid cystadlu yn erbyn y ferch 'ma o'dd wastad yn ennill! Dwi'n credu taw dim ond unwaith enilles i ar ganu penillion yn ystod yr holl flynyddoedd o gystadlu. Delyth Hopkins (Evans, erbyn hyn) o'dd y ferch – brenhines yr unawde. Dwi wedi'i gweld hi sawl gwaith wedi hynny, a dwi'n lico tynnu'i choes hi am yr hen amser. 'Nôl bryd hynny, faswn i byth wedi dychmygu y bydden i'n gallu madde iddi hi am ennill yn f'erbyn i bob tro, ond dwi'n edmygu'i thalent hi'n fawr erbyn heddi.

Ma' cael siom yn beth ofnadwy, ond ma' fe'n eich dysgu chi i fod yn wylaidd a pheidio â bod yn ben bach. Ma' 'na adege wedi bod pan o'n i wir ddim yn gwbod shwd i ddelio 'da siom. Ro'n i'n fy siomi fy hun pan o'n i'n ffaelu delio 'da phethe'n aeddfed iawn. Fy ymateb i wedyn o'dd rhedeg bant – mynd mas a danso, yfed a smoco, a meddwl mod i wedi tyfu lan. Ond y gwir amdani o'dd fy mod i'n bell iawn ohoni, ac yn anaeddfed iawn. Gweithio'n galed a chware'n galed o'dd y *motto*, achos ro'n i'n meddwl taw fel'na o'dd pobol fel fi i fod i ymddwyn. Ffeindes i mas, ar ôl blynyddoedd o blesio pawb ond y'n hunan, fod rhaid plesio'ch hunan yn gynta cyn meddwl am blesio neb arall. Mi sonia i fwy am y weledigaeth 'na yn nes mla'n!

Os o'n i'n dwlu ar unrhyw beth, ro'n i'n rhoi popeth mewn iddo fe – gant a hanner y cant. Ces i gyfle i gael prawf i fod yn rhan o dîm dawnsio creadigol y sir. Mr Gwyn Hughes Jones – nid yr un sy'n canu na'r un sy'n cyfarwyddo *Pobol y Cwm*, ond Pennaeth Drama Ceredigion ar y pryd –

o'dd yn ein dewis ni i fod yn y tîm, a wir, yn y clyweliad, rois i bob dim i mewn i'r dasg o fod yn flodyn yn tyfu mas o'r ddacar. Ro'n i'n ymestyn ac yn ymestyn, nes mod i'n ffaelu ymestyn mwy. Ro'n i'n canolbwyntio'n galed, ac yn boenus o ymroddgar – *plîs* cymerwch sylw ohona i, dwi ishe bod yn rhan o'r tîm! Ro'n i jest â phasio mas, cymaint ro'n i'n ysu am gael fy newis. Pwyntiodd ei fys ata i, ac ro'n i ar ben y byd! Dwi'n meddwl mod i ar fy ngore 'da chriw o bobol ac yn rhan o dîm; does dim gwahaniaeth gen i os dwi ddim yn geffyl bla'n – dwi jest ishe bod yn un o'r criw, a dyw hwnna ddim wedi newid dim dros y blynyddoedd.

Gwnes fy ymweliad cynta â stiwdio deledu ar gyfer rhaglen *04–05 Ac ati*. Ro'n i wedi cael blas ar ddawnsio creadigol yn yr ysgol, ac wedi bod yn Eisteddfod yr Urdd y Barri. Ro'dd rhaid dangos fy mod i o ddifri am berfformio. Cesgles griw ohonon ni ferched at ein gilydd – Delia, Verona, Lorrae, Pam a fi, i ddanso i gerddoriaeth 'Albatross' gan Fleetwood Mac, ac ro'dd gwisgoedd wedi cael eu neud ar gyfer yr achlysur – ffrogie mini cotwm, a'r rheiny o liwie'r enfys. Rosalind (o'r bartneriaeth 'Rosalind a Myrddin' wedyn!) helpodd ni. Ro'dd hi wedi gweld mor frwdfrydig o'n ni, ac wedi sôn wrth Idris Charles o'dd yn cyflwyno *04–05 Ac ati*. Ro'dd e wrth ei fodd 'da ni, a bant â ni am Gaerdydd – nefoedd i ni, ferched ifanc!

Daeth mam Lorrae (Kathleen) 'da ni. Dyna ichi gyfrifoldeb! Ro'dd Pam a fi damaid bach yn hŷn na'r lleill, ac ro'n ni ishe mynd i'r Top Rank y noson honno ar ôl perfformio, a bod yng nghanol bwrlwm nos Sadwrn yn y brifddinas. Do'dd mam Lorrae ddim yn hapus am hyn o gwbwl. Ta beth, fe aeth y danso'n weddol, ond geson ni 'bach o siom – yr hen air 'siom' yna eto! Ro'n ni'n meddwl ein bod ni'n neud eitem yn y rhaglen, ond na, daeth 'Albatross' mla'n ar y *playback* ar ddiwedd y rhaglen, fel ro'dd y *credits* yn ymddangos ar y sgrin. Llefen, a siom.

I godi'n calonne ni, fe gynlluniodd Pam a finne i fynd lawr i'r dre ar y slei ar ôl y sioe. Ro'n ni'n aros yng Ngwesty'r Sunbury ar Newport Road (y drws nesa i hen glwb y BBC) a fan'na ro'dd y sêr i gyd yn aros – Tony ac Aloma, Tammy Jones ac ati. Ethon ni i gael rhywbeth i fwyta, yna 'nôl i'r gwesty, a gwely i bawb – am naw o'r gloch. *Naw o'r gloch!* Rhy gynnar o lawer – nid bob dydd 'ych chi yng Nghaerdydd!

Wel, fe gripodd Pam a finne mas, a lawr â ni i'r dre. Ro'n ni ar fin mynd mewn i'r Top Rank pan gyrhaeddodd mam Lorrae a'n dala ni. Wel, ceson ni stŵr! Dwi'n deall nawr pam o'dd hi mor grac. Ma' Mrs Jones wedi madde i fi erbyn hyn, ac mi ddethon ni'n ffrindie agos dros y blynyddoedd – dwi'n meddwl y byd ohoni, ac os dwi ishe sgwrs mae hi bob amser yn barod i wrando. Dwi'n lwcus iawn o bobol Llanbed – ma' nhw fel un teulu mawr, credwch chi fi.

Yn Llanbed, pan o'n i tua deuddeg oed, y ces i nghusan gynta! Profiad digon rhyfedd o'dd e hefyd. Edwin Prescott o'dd enw'r sboner, ac mi ofynnodd i mi fynd i'r pictiwrs 'da fe i Neuadd Buddug, Llanbed. Nawr, 'sneb yn rhoi gwersi i chi ar shwd i gusanu, a do'dd dim clem 'da fi – nac Edwin chwaith! Eisteddon ni yn y rhes gefn – lle digon gwyllt ar y gore – a hanner ffordd drwy'r ffilm, roddodd Edwin ei geg dros fy ngheg i, a dyna ni. Symudodd e ddim, ac ro'n inne ofn symud – a dyna'r gusan gynta! Mae'n dda 'da fi weud, mi wellodd y *technique* dipyn dros y blynyddoedd, diolch i radde helaeth i nosweithie mas yng Nghaerfyrddin, o'dd fel Hollywood i ni *kids* Llanbed.

Ro'dd Pamela Davies wedi bod yn ffrind gore i mi ers dyddie ysgol fach – hi o'dd yr un *glamorous* iawn ('Natalie Wood'), a hi fydde'n cael y bechgyn gore bob tro. O'dd dim ots 'da fi; ro'dd mynd i Gaerfyrddin yn ddigon – hitsho lifft, heb fod Mami a Dadi'n gwbod. Ro'dd hi'n dipyn o antur. Fydden ni'n dala'r bws i Gaerfyrddin i siopa hefyd pan o'n ni yn yr ysgol, ac ro'dd mynd i Gaerfyrddin (neu Abertawe, o'dd yn well fyth) yn *treat* mawr – ro'ch chi'n gallu siopa am ddillad trendi. Dwi'n dwlu siopa am ddillad o hyd – ond ddim ond os ydw i yn yr hwyl iawn. Weithie rhaid siopa ar gyfer gwaith, ac weithie ma' hwnna'n gallu bod yn broses boenus o hir. Y gyfrinach am siopa yw stopo a chael coffi a chymryd eich amser a chael *chat*! Ar un adeg, fydden i'n meddwl dim am brynu dau neu dri pâr o sgidie ar yr un pryd, yn yr un steil ond mewn lliwie gwahanol. Wnes i dipyn o wastraffu arian felly. Dwi'n trio peidio mynd dros ben llestri pan dwi'n siopa erbyn hyn.

Bob nos Wener, fydde Clwb ar ôl ysgol. Fydde rhywun yn dod aton ni i siarad yn ystod yr awr gynta, ac yna yn yr ail ran fydden ni'n cael disgo. 'Sdim ishe gofyn pa un o'dd ore 'da fi! Ro'n i'n dwlu ar ddanso. Daeth Disgo Mici Plwm yna ryw dro. Ro'dd gan Mici wallt hir, ac ro'dd e'n chware recordie Cymraeg. Ro'dd rhywbeth deniadol iawn amdano fe – a'i ymroddiad i ganu pop Cymraeg! Ro'dd clwb gwerin yn y Brifysgol yn Llanbed hefyd, a ro'n i'n mynd i fan'na weithie. Dwi'n cofio Ralph McTell yn dod i'r clwb gwerin un tro, ac yn canu 'Streets of London' cyn iddo fe'i recordio hi. Ffantastig.

Alun fy mrawd o'dd y *golden boy* yn tŷ ni pan ddôi hi i bethe academaidd. Basiodd e un ar ddeg o byncie yn Lefel O, a chael gradd un mewn pedwar pwnc. Bases i mo'r 11+

yn ddigon da i fynd i'r ysgol ramadeg, a gwples i lan yn nosbarth 1R – rhyw hanner ffordd rhwng yr ysgol ramadeg a'r *secondary modern*.

Y co mwya byw sy gen i o fynd i'r ysgol fawr o'dd cael dillad newydd, a'r rheiny'n ffres a chrisp. Ro'dd gen i sgidie newydd hefyd o'dd yn gwichian pan o'n i'n cerdded. Ro'n i'n dwlpen fach dew, a dwi'n cofio fy Anti Margaret yn gweud, 'Bydd raid i chi gael *panty girdle* cyn bo hir i gadw'r bola bach 'na mewn!' Ro'dd e'n dipyn o sioc i fi i glywed hynny ar y pryd. Fel llawer o blant, mynd trwy gyfnod y *puppy fat* yr o'n i, a dwi'n cofio teimlo'n drist iawn pan sylweddoles i bod fy hoff *outfit* – y siwt felfed goch a'r mwff yn matsho – yn rhy dynn i fi. 'Smo mwff yn neud dim i chi pan 'ych chi 'di magu 'bach o bwyse! Erbyn cyrra'dd pymtheg oed, ro'n i wedi dechre colli'r *puppy fat* ac yn dechre siapio, a bechgyn yn dechre cymryd sylw ohona i.

Dwi'n cofio, trwy'r amser o'n i yn yr ysgol uwchradd, fel y sticies i fel gliw i un o'n ffrindie – Jane Williams, o'dd yn byw yn Kimberley yn yr un stryd. Ro'dd hi'n ferch alluog iawn, a ro'n i'n meddwl falle wir y bydde hi'n gallu'n helpu i i fod yn *brainy* fel hi!

Ro'n i'n dda mewn chwaraeon yn yr ysgol, ac yn mwynhau'r gwersi ymarfer corff. Dwi'n cofio'r wefr o weld y gampfa yn yr ysgol fawr am y tro cynta. Ro'n i'n synnu mod i'n gallu neud sawl peth yn y gampfa – neidio dros y *buck* (o'dd yn eitha uchel), a dringo lan y rhaff fel mwnci. Ro'dd hynna'n gamp, achos un fach o'n i ar y pryd! Ma' siâp fy nghorff i'n eitha athletig, ac ma' 'da fi ddigon o stamina, a do'dd dim ofn mentro arna i yn y gampfa.

Pan o'n i tua phymtheg oed, fe gynrychioles i'r ysgol mewn ras ym mabolgampe'r Sir, ac mi fues i hefyd yn aelod o dîm cyfnewid yr ysgol. Ro'n i'n rhyfeddu mod i'n gallu rhedeg yn eitha cyflym. Ond do'n i ddim mor gyflym â Coranne Jenkins (Jones erbyn hyn) – ro'dd hi'n gyflym iawn, ac yn rhedeg 'da steil. Ma' hi'n ffrind arall sy'n dal mewn cysylltiad â fi hyd heddi.

'Miss Jones PE' o'dd yr athrawes ymarfer corff yn 1964 – menyw 'da llais awdurdodol iawn. Ro'dd hi'n hoff iawn o ddawnsio gwerin, ac yn ein cael ni i gyd i symud ym mhob gwers – hyd yn oed y rheiny o'dd â dim diddordeb mewn symud. Ro'dd ganddi'r ddawn o ddwyn perswâd ac i neud i hyd yn oed y gamp anodda ymddangos yn un hawdd. Ro'n i'n dwlu ar ysbryd Miss Jones – person positif iawn. Ro'dd hi'n byw yn yr un stryd â ni, a fydden i'n ei gweld hi i gael sgwrs yn amal ar ôl gadael yr ysgol. Ro'dd hi'n mwynhau bryd hynny gwbod shwd o'n i'n dod mla'n 'da mywyd a ngyrfa.

Miss Jones gyflwynodd fi i bêl-rwyd. Ro'n i wrth fy modd 'da phêl-rwyd, a fues i'n gapten ar y tîm nifer o weithie. Dyna un o'r gême dwi'n eu colli nawr mod i'n hŷn. Yn nes mla'n yn fy nyddie ysgol, daeth Miss Zena Shattock i edrych ar ôl y tîm pêl-rwyd. Ro'dd hi'n *edrych* yn ffantastig ac yn wych yn ei gwaith. Fe weles i Molly Blayney (Jenkins cyn priodi) – un o'r criw – y dydd o'r bla'n, ac ro'dd hi'n cofio Zena'n gweud wrthyn ni i gyd i dreial gollwng y bêl o'n dwylo cyn gynted â phosib, achos dim ond am dair eiliad ro'ch chi'n cael dal gafael ynddi. Finne'n cofio un tro bod y bêl yn fy nwylo i, a – hwff! – dwles i'r bêl at ferch arall mor glou nes iddi blygu mewn poen 'da'r sioc. 'No – not *that* fast, Gillian!' medde Miss Shattock. Ro'dd Zena'n grêt 'da ni'r merched. *One of the girls!*

Zena gyflwynodd fi i hoci, achos do'dd dim traddodiad

hoci yn yr ysgol pan o'dd Miss Jones wrth y llyw. (Dwi'n meddwl bod hoci wedi cael ei chware yno flynyddoedd ynghynt, ond i rywun gael damwain gas, ac fe roddwyd stop ar y gêm.) Pan bu farw Dad ymhen blynyddoedd wedyn, dwi'n cofio gweld Miss Jones y tu fas i'r tŷ – ro'dd y drws fymryn ar agor, ac ro'n i ar fin mynd i'r dre i nôl rhywbeth neu'i gilydd. Wedi galw ro'dd hi i weld shwd o'dd pethe, a bu raid i fi weud wrthi fod Dad wedi marw. 'Oh, hard lines,' wedodd hi. Ro'dd hi'n dod mla'n yn grêt 'da Dad yn yr ysgol. Bu hi farw ychydig ar ei ôl e; mynd yn dawel yn ei chwsg, yn ei chadair o fla'n y tân. Ro'dd Miss Jones yn berson annibynnol iawn, ac mi adawodd y byd 'ma fel ro'dd hi wedi byw – yn gryf, yn syml, a heb ffws.

Ro'n i'n weithiwr ddigon caled yn yr ysgol. Ro'n i'n dda mewn ambell bwnc, ac yn ofnadwy o wael mewn pethe er'ill. Dwi'n dal ddim yn deall beth ddaeth drosta i i ddewis Ffrangeg yn hytrach na Cherddoriaeth, a finne wedi ca'l 98 mas o gant yn yr arholiad! Ar ôl gweud hynny, mi chwerthinodd Anne Williams a finne trwy nifer o wersi feiolin 'Mr Jones Miwsig'. Ro'dd e wedi bod yn baffiwr yn y gorffennol, a dwi'n siŵr bo fe 'di teimlo fel rhoi clatshen i'r ddwy ohonon ni droeon. Ro'dd e'n ddyn hyfryd – person *charming* iawn – ac yn athro gwych, ond yn ddyn o'dd yn mynnu disgyblaeth. Aeth hwnna mas trwy'r ffenest yn ystod un wers, wrth i fi blygu lawr i nôl rhywbeth mas o'n *satchel* – torres i wynt! O'dd arna i ofn codi mhen, yn enwedig gan fod bachan ro'n i'n ei ffansïo'n ishte reit tu ôl i fi! Dwi'n cofio gofyn i Anne mewn syndod – a mhen i lawr o hyd – 'ife *fi* nath hwnna?!' Fel taswn i ddim yn gwbod! Dyna ddiwedd ar y syniad o ramant yn y wers Gerddoriaeth. Falle taw dyna pam ddewises i Ffrangeg.

Mae gen i gywilydd cyfadde hyn, ond mi wnes i gopïo mewn un arholiad – wel, mewn mwy nag un arholiad! Ro'dd hynny'n beth ofnadwy i neud, yn enwedig a Dad yn dysgu yn yr un ysgol. Tase fe wedi ffeindo mas – wel, Duw a'n helpo fi! Bu *bron* i fi gael fy nala. Daeth yr athro Beioleg lan ata i – ro'n i'n eistedd ar bwys y wal yn y dosbarth – ac fe waeddodd e, *'YOU!'* mewn llais nad o'n i erio'd wedi'i glywed o'r bla'n, ac ro'n i'n gwbod yn iawn ei fod e'n cyfeirio ata i. Fe gicodd y *reflex action* mewn, ac fe rois i ffling cyflym ond cadarn i'r *exercise book* i'r cefn, ac mi sleidodd yn deidi ar hyd y wal i gefn y dosbarth. Welodd yr athro ddim byd, diolch i Dduw, a ro'n i'n gobeithio bod pwy bynnag o'dd yn eistedd yn y cefn yn mynd i gau ei geg! Chware teg, wedodd neb ddim byd. Ces i shwd ofn, 'nes i ddim meiddio neud hynna wedyn. Ro'n i'n teimlo mor euog bo fi wedi tsheto. Ddysges i wers fan'na – lwcus iawn o'n i bo fi ddim wedi cael fy nala. Ges i farc go lew yn y pwnc, ond dwi'n dal i deimlo'n euog am y peth. Ar ôl hynny, weithies i'n galed a pheidio treial bod yn glyfar a ffeindo *short cuts*, achos does 'na ddim *short cuts* mewn bywyd os 'ych chi mo'yn llwyddo.

Miss Jones, Upper Bank, ddysgodd fi shwd i chware'r piano. Ro'dd hi'n ddisgybledig tu hwnt, ond fydden i byth yn ymarfer. Ces i row un diwrnod, a hithe'n gweud – 'Gillian, *ma'* talent 'da chi, ond ma' raid i chi ymarfer!' Fydden i'n rhoi fy nwylo ar y piano, ond ddim yn chware nodyn. Smac ar gefn fy llaw! Llefen wedyn, a ffaelu gweld un nodyn. Ro'n i'n ei hala hi'n benwan; fydde hi *mor* grac 'da fi. Ar y pryd ro'n i'n casáu ymarfer. Ro'dd Miss Jones yn berson hyfryd, yn athrawes dda ac yn broffesiynol iawn, ond ro'n i'n casáu'r ddisgyblaeth yma. Fe nath Alun fy mrawd yn wych ar y piano, a phob tro ro'dd e'n neud yn dda (mewn unrhyw beth!), ro'n i fel 'sen i'n rebelo ac yn tynnu'n groes. Ma' hynny'n ddiddorol ynddo'i hun, ma'n siŵr. Ma' Alun a finne'n dwlu ar gerddoriaeth o hyd, a phan 'yn ni'n siarad 'da'n gilydd, fe ddaw cerddoriaeth i mewn i'r sgwrs bob tro; ma' hi'n rhyfedd mor wahanol i'n gilydd 'yn ni'n dau pan ddaw hi i rai pethe, ac mor debyg mewn pethe er'ill.

Dwi'n cofio cael fy hudo wrth edrych ar y Chweched Dosbarth yn perfformio ar y llwyfan yn yr ysgol – ro'dd rhywbeth mor gynhyrfus a rhywiol am y cyfan, ac ro'n i jest â bosto ishe bod yn rhan o hyn. Daeth panto *Mawredd Mawr* i Lanbed, ac arwyddodd Dewi Pws fy llyfr barddoniaeth W. B. Yeats, a gweud bod Dafydd ap Gwilym 'lot yn well na W. B. Yeats'! Ro'n i wedi dwlu, a wedodd fy ffrind Wendy (Gwalia Buses) bo hi'n meddwl y bydde Dewi Pws a finne'n perfformio 'da'n gilydd ryw ddiwrnod. Pwy feddylie bydden i'n chwaer iddo fe yn *Pobol y Cwm* flynyddoedd yn ddiweddarach?! Dyna wers arall – ma' unrhyw beth yn bosib.

Siang-di-fang o'dd y gyngerdd gynta dwi'n cofio neud yn yr ysgol – ro'n i lan drwy'r nos yn neud *bows* coch a hetie coch a gwyrdd o bapur *crepe*, fel bod Tricia Jones (Danks), Llinos Jones (Rogers) a finne'n gallu'u gwisgo nhw ar y llwyfan pan o'n i'n canu. Un sbot o'dd ganddon ni – ro'dd rhaid neud y gore ohono fe!

Y gyngerdd ola wnes i tra o'n i yn y Chweched o'dd *Yr Enfys*, rhyw fath o sioe debyg i *Jesus Christ Superstar*, wedi ei chyfansoddi gan dair ohonon ni'r disgyblion – Enfys Williams (Tanner), Eirian Griffiths a finne. Ro'dd y ddwy yma'n alluog iawn ac yn gwbod shwd i roi syniade lawr ar bapur. Ro'n i'n llawn brwdfrydedd, ac ro'dd rhaid i fi eistedd lawr 'da nhw a thowlu pob math o *scenarios* atyn nhw. Dwi wedi bod yn greadigol erio'd – ac mae gen i lwyth o syniade. Dwi wedi bod yn lwcus mod i wedi gallu gwireddu mreuddwydion wrth eistedd lawr 'da sawl person sy wedi gallu rhoi trefn ar bethe ar bapur i fi. Dyna'r unig ffordd alla i neud pethe. Feddylies i erio'd fydden i'n sgriptio sgetshys Mrs OTT, er enghraifft, ond diolch i bobol awgrymodd y gallen i neud, a f'annog i i neud, dwi wedi gallu cyflawni hynny. Dwi wedi bod yn ddiolchgar dros y blynyddoedd i bobol fel Gareth Jones (athro Saesneg yn yr ysgol, a thad Gwyn Jones, y drymiwr o'dd yn arfer chware i Maffia Mr Huws), Elgan Davies (athro Ffiseg), Ifan Gruffydd, Huw Jones, Hefin Elis ac Olwen Meredydd am yr anogaeth.

Ond 'nôl at y sioe gerdd yn yr ysgol. Pam *Yr Enfys*? Wel, daeth Enfys i'r Chweched Dosbarth jest mewn pryd – i mi, ta beth. Ro'dd ei thad yn wcinidog, ac fe symudon nhw i Gwm-ann yn ymyl Llanbed o Gaerfyrddin, a ddethon ni'n ffrindie mawr. Ro'dd Enfys yn alluog (ac yn bert hefyd), ac unwaith 'to ro'n i'n gobeithio y bydde rhywfaint ohono fe'n dylanwadu arna i! Un o'r pethe deniadol am Enfys o'dd, er ei bod hi'n academaidd iawn, do'dd hi ddim yn drwynuchel; ro'dd hi'n hael, yn rhannu ei gwybodaeth, a beth bynnag fydde'r sgwrs – llon neu leddf – fydden ni'n cwpla 'da phwl o chwerthin. Dwi'n credu mai trwy'r hiwmor y clicon ni gynta. Daeth Enfys i mywyd i ar yr amser iawn. Mae'r gair 'enfys' yn cyfleu gobaith a hapusrwydd i mi – yn wir, pan fydda i'n gweld enfys yn yr awyr heddi, dwi'n meddwl am Enfys, fy ffrind.

Mae hi ac Eluned Rees, ei chwaer, wedi llwyddo i gael

tair cân yn wyth ola *Cân i Gymru* dros y blynyddoedd. Ces i'r fraint o ganu dwy ohonyn nhw – 'Merch y Ffeirad' a 'Dwy Ynys, Dau Fywyd', sy'n cael eu chware'n amal ar Radio Cymru. Y drydedd gân o'dd 'Gwylio'r Cymylau' – Catrin Darnelle ganodd honno. Ro'dd Catrin yn ferch i Mr Elgan Davies, yr athro Ffiseg yn yr ysgol a ffrind mawr i Dad, a bu'n gweithio'n agos iawn 'da Mr Gareth Jones wrth iddyn nhw gyfarwyddo *Yr Enfys*. Ro'n i wrth fy modd pan wnaeth Catrin brosiect Chweched Dosbarth arna i! Mae Catrin erbyn hyn wedi perfformio yn *Cats* yn y West End yn Llundain.

Yn sioe *Yr Enfys*, ro'n i wedi creu cymeriad digon tebyg i'r Mrs OTT gynnar, ac wedi cael adolygiad gwych. 'Sdim byd alla i weud ond bod y cwbwl wedi mynd i mhen i! Ar ôl y sioe ola, ro'dd tair ohonon ni, Verona Ebenezer, Delia Jones a finne, yn creu twrw yn y coridorau, ac yn meddwl bo ni'n rhywbeth sbeshal wrth wisgo lan fel dynion – sowldiwr, athro ysgol a phlismon. Go fuan nath Mrs Slaymaker (mam Gary), o'dd yn athrawes yno, ein tynnu ni lawr o'n pedestal wrth roi row i ni a gweud wrthon ni am fihafio – 'a chi, Gillian, ddylech *chi* wbod yn well fel *prefect*, a'ch tad yn dysgu yn yr ysgol. Falle fyddwch chi'n athrawes y'ch hunan ryw ddiwrnod. Cerwch i weld y prifathro!' Fel ro'n i'n mynd at y swyddfa, weles i Mr Thomas Commercial – 'Twm Com' – mewn geirie er'ill, Dadi! '*You stupid girl*, be chi 'di neud nawr?' wedodd e. Wedes i ddim! Lan â ni, i wynebu Mr Aneurin Jones, y prifathro, a'n cynffonne rhwng ein coese. Er syndod i ni, ganmolodd e'r sioe, ond gweud y'n bod ni wedi cynhyrfu Mrs Slaymaker a'r ysgol i gyd 'da'n antics, ac i ni beidio â gadael i lwyddiant fel hyn fynd i'n penne ni eto! 'Nawr, cerwch i fwynhau gweddill y sioe, a bihafiwch.'

Ma' Mrs Slaymaker a Mr Jones wedi bod yn gefnogol iawn i bopeth dwi wedi llwyddo i neud ers hynny, a dwi'n gwerthfawrogi hynny.

Rhan Poli Gardis yng nghyfieithiad T. James Jones o *Dan y Wenallt* o'dd y ddrama fwya swmpus wnes i yn yr ysgol fawr. Ro'dd hyn rhyw dair blynedd cyn *Yr Enfys.* Dwi'n cofio mod i'n ei chael hi'n anodd neud dau beth 'run pryd – canu a sgrwbo'r llawr fel Poli. Yn y diwedd ganolbwynties i ar y sgrwbo, ac yna daeth y canu'n reddfol. Do'dd dim clem 'da fi am *multi-tasking* bryd hynny!

Dyna'r tro cynta dwi'n cofio i mi ddadansoddi beth ro'n i'n ei neud ar lwyfan. Daeth T. James Jones i weld y perfformiad, a gofynnodd e i fi fynd am gyfweliad i gymryd rhan yn *Dan y Wenallt* yn Nhalacharn, ond ro'dd Mami'n dost ar y pryd, a ddim yn teimlo y gallen i fynd. Colles i'r cyfle 'na o weithio 'da T. James Jones, ond nath e ddim anghofio amdana i. Cwpwl o flynyddoedd wedyn, mi gysylltodd 'to. Ro'n i yn fy mlwyddyn gynta yn y Coleg Cerdd a Drama yng Nghaerdydd erbyn hynny, ac ro'dd e mo'yn cwrdd â fi yng Ngwesty'r Grand yn Abertawe. Ro'dd e ar fin cyfarwyddo cynhyrchiad comisiwn yr Eisteddfod yng Nghaerfyrddin 1974 – drama 'da cherddoriaeth o'r enw *Dewin y Daran.* Ces ran Nimue, ac ewythr John Hefin o'dd yn chware rhan Myrddin – Mr Alwyn Jones, fu'n chware rhan Mr Gwyther yn *Pobol y Cwm* ymhen blynyddoedd wedyn.

Nimue yn *Dewin y Daran* o'dd fy rhan broffesiynol gynta ar lwyfan. Stori am y dewin Myrddin o'dd hi. Dyna i chi ryfedd, o gofio taw Merlin o'dd enw'n tŷ ni yn Llanbed! Dyma'r tro cynta i mi weithio 'da nifer o bobol ddaeth yn ffrindie da, gan gynnwys Sian Meredydd, o'dd wedi cael siars gan Megan Williams (yr athrawes ddawns) i edrych ar fy ôl i, a neud i fi deimlo'n gartrefol. Ces fedydd tân i'r byd actio yn y ddrama hon. Ro'n i fod i neud fy ymddangosiad cynta trwy *trap door* yng nghanol y llwyfan, ond mi sticodd y drws ar y *cue*! Ar ôl eiliade o banic, o'dd yn teimlo fel oes, o'r diwedd mi wnes i fy entrans, yn edrych yn hudolus ac arallfydol ond yn crynu fel deilen ac yn diferu o chwys – fel alarch, yn osgeiddig ar yr wyneb, ond yn padlo fel yr yffarn o dan y dŵr!

Digwyddodd un peth rhyfedd arall hefyd. Wrth i darane gael eu hychwanegu fel effeithie arbennig gan Gwennan Sage (o'dd yn gyfrifol am y sain), clywyd tarane go iawn tu fas i'r pafiliwn, ar *cue*! Ro'dd e'n gynhyrchiad atmosfferig iawn, a greodd argraff ar nifer o bobol, a cheson ni adolygiade gwych.

Flynyddoedd wedyn, dwi'n cofio perfformio *Under Milk Wood*, Dylan Thomas, yng Ngwesty'r Dolphin yn Abertawe, 'da Huw Ceredig, Dilys Price, Ernest Evans ac Ifan Huw Dafydd. Ro'dd rostrwm wedi cael ei osod fel llwyfan, ac ro'n i'n eistedd reit yn y cefn yn y canol yn edrych lawr ar bawb. Ro'dd pobol bwysig iawn yn y gynulleidfa, ac ro'dd naws barchus yn yr awyr. Dyma ni'n dechre perfformio, a llais urddasol Huw yn agor y ddrama fel y 'First Voice'. Aeth y ddrama'n dda iawn, ac ro'dd y gynulleidfa'n gwrando'n astud ar bob gair. Dyma ddod at gân Polly Garter, ac off â fi!

> I loved a man whose name was Tom,
> He was strong as a bear and two yards long.
> I loved a man whose name was Dick,
> He was big as a barrel and three feet thick.
> And I loved a man whose name was Harry,

> Six feet tall and sweet as a cherry.
> But the one I loved best, awake or asleep,
> Was little Willy Wee, and he's six feet deep.

Yna fe syches i – do, anghofies i'r geirie! Ro'n i wedi
canu'r gân yna droeon o'r bla'n, a dyma fi o fla'n y
gynulleidfa barchus yma, ac wedi anghofio ngeirie. Beth o'n
i'n mynd i neud? Ro'n i yng nghartref Dylan Thomas, yn
Abertawe, a ddim yn gwbod y geirie! Ro'dd fy meddwl i'n
mynd ar ras, a mas o ngheg fe ddaeth y geirie hyn:

> I love the boys and the boys love me,
> And I love everybody that loves me.
> The boys and me
> We love each other . . .

Wafflo mla'n felly, ei neud e lan, a chanu am unrhyw beth,
dim ond i gadw i fynd! Ond yna'n sydyn, gofies i ble ro'n i
fod:

> . . . Oh, Tom, Dick and Harry were three fine men,
> And I'll never have such loving again.

Ro'dd rhaid i Huw Ceredig ac Ifan Huw Dafydd, o'dd yn
eistedd o mla'n i yn y ffrynt, gario mla'n i edrych tuag at y
gynulleidfa fel ro'dd y geirie twp yn dod mas o ngheg i!
Ro'n i ishe rhedeg mas o'r adeilad – ro'dd cymaint o gwilydd
arna i. Ond ar ôl gweud hynny, cafodd y ddrama dderbyniad
da iawn! Wedodd un o'r actorion wrtha i, 'O'n i'n meddwl
mod i mewn cabaret 'da'r gân yna – bo ti wedi troi mewn i
Shirley Bassey neu Liza Minnelli neu rywun!' Dwi'n dal
ddim yn gwbod os o'dd pawb yn y gynulleidfa wedi
sylweddoli mod i'n ei neud e lan ai peidio, ond dwi'n siŵr
bod y rheiny o'dd yn gyfarwydd â'r ddrama'n gwbod yn
iawn. Fu jest i hynna sbwylio'r noson i mi – ro'n i mor grac

'da'n hunan. Daeth un fenyw ata i a gweud, 'How did you change your voice so many times? One minute you were a little boy, then one of the neighbours – marvellous!' 'Thank you,' wedes i, 'but I messed up the song.' '*Did* you? *I* didn't notice,' medde hi. Allen i fod wedi cico'n hunan – pam bo fi wedi gweud hynna? Do'dd hi ddim wedi sylwi! Gwers fach arall – peidiwch byth â chyfadde'ch camsyniade. Dyw pobol ddim ishe gwbod. A falle cewch chi *get away* 'da fe, p'run bynnag!

Mr a Mrs Oliver Williams (y cwpwl fenthycodd y garafán i ni fel teulu i fynd ar ein gwylie i Gei Bach, os cofiwch chi) o'dd yn rhedeg y dramâu yn Llanbed yn y pumdege a'r chwedege, ac ro'n i wrth fy modd pan ges i ran fechan yn un o gynyrchiade Capel Soar. Y cyfan o'dd raid i fi neud o'dd croesi'r llwyfan a gweud *'Huh'*! Unwaith eto, roies i bopeth mewn i'r *'Huh'* – a chael canmoliaeth fawr am neud! Stopodd Mrs Williams yr ymarfer un noson, a gweud, 'Dwi'n mo'yn i chi, Gillian, neud y darn yna eto'. Mi 'nes i, a wedodd Mrs Williams, 'Drychwch faint o ymroddiad ma' Gillian wedi'i roi mewn i'r un gair yna – *"Huh"* – ac ma' gan rai ohonoch chi lot mwy o eirie i'w gweud.' Smo fi'n gwrido'n amal, ond es i'n dwym i gyd, a chafodd ei geirie hi dipyn o effaith arna i. Ddethon nhw 'nôl fel fflach pan glywes i ddyfyniad gan un o sêr Hollywood y diwrnod o'r bla'n – 'There are no small parts, only small actors'!

Er i mi gael y profiade cynta ar lwyfan yn yr ysgol, ro'dd perfformio yn fy ngwaed, fel wedodd Wncwl Wil gynt. Ro'dd Dad-cu (o ochr Dad) – David Thomas, o'dd yn wreiddiol o'r Porth yn y Rhondda – ac Anti Margaret yn dwlu perfformio yn yr *amateur dramatics* a sioee cerdd fel *Good Night Vienna*, ac yn perfformio'n gyson yn 'Hall' y

Waun (Gwauncaegurwen – man geni Siân Phillips, un o'm harwrese; ro'dd ei thad hi a nhad-cu yn blismyn 'da'i gilydd ar y Waun am gyfnod).

Ro'dd gan Anti Margaret lais canu mawr – dwi'n ei hefelychu hi weithie pan fydd Mrs OTT yn canu. (Pe gwydde hi mod i'n neud hyn, 'sa hi'n troi yn ei bedd!) 'Sdim ishe gweud bod gan Anti Margaret dipyn gwell llais na Mrs OTT, wrth gwrs; ro'dd hi wedi cael ei hyfforddi yn y Guildhall yn Llundain – ac ro'dd hi'n fenyw bertach o lawer hefyd! Ro'dd Dad-cu yn ganwr da ac yn dwlu ar actio hefyd, a bydde fe ac Anti Margaret, ei ferch, yn canu deuawde o gwmpas y piano. Un o'r ffefrynne o'dd 'We'll gather lilacs'. Mae'r piano 'da fi bellach, a phan symudon ni dŷ, ro'dd rhaid tiwnio'r piano. Ar ôl iddo fe gwpla, mi ofynnes i'r tiwniwr piano roi tonc fach i ni, a chi'n gwbod beth chwaraeodd e? 'We'll Gather Lilacs'!

Gyda llaw, ro'dd Dad-cu yn 2nd Lieutenant yn y Northumberland Fusiliers yn y Rhyfel Byd Cyntaf ac yna'n Full Lieutenant, ac mi gafodd dair medal. A sôn am gyd-ddigwyddiad, dyma un arall: ar ôl marw Anti Margaret yn 1995, gofynnodd Uncle Gareth, ei gŵr, i fi ddod i'r tŷ i nôl pentwr o dystysgrife Dad-cu ac Anti Margaret. Es i draw pan o'dd Uncle Gareth ar ei wylie. Codes i'r dystysgrif gynta, a'r dyddiad arni o'dd Rhagfyr 17, 1917. Y dyddiad y diwrnod hwnnw o'dd Rhagfyr 17, 1995! Bu'n rhaid i mi eistedd!

Anti Margaret fydde'n mynd â fi i'r pictiwrs i weld ffilmie – *South Pacific, Oklahoma!, Seven Brides for Seven Brothers, Breakfast at Tiffany's, West Side Story, Mary Poppins, My Fair Lady*, y *musicals* i gyd. Dwi'n cofio hi'n mynd â fi lawr i Gaerdydd pan o'n i'n un ar ddeg oed i weld *The Sound of*

Music yn y Capitol, ac fe benderfynodd fynd â fi draw i gwrdd â Margaret Price (o'r BBC) yn adeilad y General Accident yn Newport Road. Ro'dd y gantores hyfryd, Iris Williams, yno hefyd y diwrnod hwnnw – ro'dd hi 'da Ruth Price, yn siarad am rywbeth neu gilydd – ac fe ges i gwrdd â hi. Ar ôl bod yno 'da'm modryb, ces i'r teimlad cryf 'ma mod i'n mynd i weld y bobol 'ma eto.

Ro'dd Anti Margaret yn ddylanwad mawr arna i. Bu hi'n ysgrifenyddes i'r cerddor Mai Jones yn y pumdege cynnar. Ro'dd Anti Margaret yn fenyw â llawer o steil a sbarc – cymeriad hoffus o'dd yn gwbod shwd i wisgo, a thipyn o *class* yn perthyn iddi. Mae gen i glustdlyse sy'n perthyn iddi hi o hyd, a dwi'n gwisgo'i breichled aur drwy'r amser. Ro'n i'n meddwl y byd ohoni. Bu'n gweithio yn y BBC yn y pumdege cynnar, ac ro'dd hi'n ffrindie mawr 'da pobol fel Beth Price, cynorthwyydd cynhyrchu cynta *Pobol y Cwm*, a Margaret Price, ysgrifenyddes Jack Williams, pennaeth adloniant ysgafn y BBC. Bu'r menywod hyn i gyd yn ddylanwad mawr ar fy ngyrfa i.

Fe dyfes i lan yn gwrando ar storïe am y cyfnod pan o'dd Anti Margaret yn gweithio ar raglenni fel *Welsh Rarebit* a *Silver Chords*. Ro'dd storïe Anti Margaret yn neud i'r byd adloniant swnio mor ddeniadol i mi. Yr anfarwol Mai Jones o'dd yn cynhyrchu llawer o'r rhaglenni; fe sgrifennodd hi hefyd nifer o ganeuon gwych, gan gynnwys cerddoriaeth 'We'll Keep a Welcome'. Ro'dd Mai Jones, yn ôl pob sôn, yn gymeriad lliwgar, cryf, ac yn arloeswr yn bell o fla'n ei hamser. Bu'r rhaglen *Welsh Rarebit* (gydag Alun Williams yn ei chyflwyno) yn rhif un yn siartie Prydain. Ro'dd y rhaglen yn cael ei darlledu'n fyw ar y radio o Neuadd y Cory, Caerdydd, a bu'n llwyfan i berfformwyr fel y gantores

Dorothy Squires, y gomedïwraig Gladys Morgan, ac actorese fel Harriet Lewis, Rachel Thomas a Dilys Davies, a ddaeth yn wynebe cyfarwydd i gynulleidfaoedd *Pobol y Cwm* ymhen blynyddoedd wedyn. Fues i'n lwcus ofnadwy i gwrdd â'r tair ola a chael gweithio 'da nhw. Fe glywes i lawer hefyd am Gladys Morgan, ac ro'dd rhai o'r 'hen stejars' yn gweud fy mod i'n debyg iawn iddi yn fy ffordd o berfformio comedi. Dwi wedi clywed tâp ohoni, dyna i gyd.

Wrth dyfu lan, ces lawer o wersi canu ac actio 'da Anti Margaret, ac ro'n i wrth fy modd yn mynd lawr i'r Waun. Ro'dd tamaid bach o'i hofn hi arna i hefyd, achos ro'dd hi'n gallu bod yn *strict* iawn, fel Nana. Bydde Anti Margaret yn gweud wrth Alun a finne wrth y ford, 'Nawr, sefwch funud – peidiwch â bod mor *greedy*!' Do'dd hi ddim yn lico pobol o'dd ddim yn gwbod shwd i fihafio wrth y ford, felly ces i'n hyfforddi'n dda i fihafio fanno, o leia! Dwi'n dal yn gallu'i chlywed hi'n gweud, 'You *break* a roll.' Nid torri rôl bara 'da cyllell, ond 'You *break* a roll with your fingers'!

Fydde hi, a finne 'da hi, yn mynd mewn i siop drydan a llestri Anti Annie ac Wncwl Wil (drws nesa ond un) yn amal i ddefnyddio'r ffôn. Ro'n nhw ar y bla'n 'da'u *gadgets* – y chwaraewr tâp, y teledu a'r *van*. Ro'n i'n dwlu pan o'dd Anti Margaret yn mynd mewn i'r siop i ateb y ffôn, a chael siarad 'da'i chariad ar y pryd. Ro'dd yr alwad yn digwydd bob nos am saith o'r gloch. Ro'dd Anti Annie, Wncwl Wil a fi'n gorfod parhau i edrych ar y teledu yn yr ystafell ganol tra bydde Anti Margaret yn siarad â'i chariad. Ro'dd hi'n swnio mor posh pan o'dd hi'n ateb y ffôn, ac yn defnyddio llais ysgafn, benywaidd: 'Heleew, Êmen Velly, dabble three, dabble fhive'. Mor wahanol i fel ro'n i'n ei weud e! Nath Anti Lyn, chwaer Mam, rywbeth yn debyg pan aeth hi i

Ganada i ddysgu am gyfnod. Clywes i dâp ohoni'n siarad â'r plant yn yr ysgol, ac ro'dd hi'n swnio'n gwmws fel y Frenhines – llais uchel main o'dd 'da hi wrth siarad Saesneg. Ro'dd rhaid rhoi llais RP *(Received Pronounciation)* ymla'n!

Ro'dd y ddwy fodryb – Anti Margaret ac Anti Lyn – yn hollol wahanol i'w gilydd, ond y ddwy'n gymeriade cryf a doniol. Ro'dd saith mlynedd rhwng Anti Margaret a fy nhad (ei brawd), ac fe wedodd Anti Margaret wrtha i fod yna frawd a chwaer rhyngddi hi a Dad, ond y bu farw'r ddau pan o'n nhw'n blant – Grace, a fu farw yn y crud, a Sec (Isaac), a fu farw'n saith oed. Dwi'n credu bod Alun a finne wedi llenwi'r bwlch adawyd ar eu hole nhw. Ro'dd Dad ac Anti Margaret yn sôn amdanyn nhw'n amal.

Ro'dd Dad ac Anti Margaret yn beth fydden ni'n alw heddi'n *film buffs*. Ro'n nhw'n dwlu ar ffilmie, ac yn mynd â fi gyda'r cynta i weld ffilmie mawr fel *Doctor Zhivago* a *West Side Story*. Dwi'n siŵr mod i wedi nhrwytho yn y byd adloniant yn ifanc iawn. Bob tro fydden i'n mynd 'da Anti Margaret neu Dad i weld ffilm, ro'n i'n dod mas o'r sinema yn jocan taw fi o'dd y prif gymeriad. Fi o'dd Audrey Hepburn yn *My Fair Lady*. Yn wir, ro'n i wedi dwlu cymaint ar enw Eliza Doolittle fel y defnyddies i'r enw fel ffugenw yng nghystadleuaeth y traethawd yn eisteddfod yr ysgol, a chael y wobr.

Mami

Dwi'n cofio Mami'n mynd yn dost am y tro cynta, yn 1962. Ro'dd rhywbeth o'i le, a dwi'n dal ddim yn gwbod beth yn union o'dd yn bod, ond dwi'n cofio Dadi'n trio siarad 'da hi, a hithe'n ymddangos yn anhapus ac yn grac am rywbeth.

Ro'dd Alun a finne'n ifanc iawn bryd hynny, ddim yn deall o gwbwl beth o'dd y salwch o'dd ar Mam, ond ro'n ni'n ymwybodol ei bod hi'n ymddwyn yn wahanol. Dyna pam, o bosib, mod i wedi dianc cwpwl o weithie oddi wrth Mami a Dadi. Ro'n nhw'n chwilio amdana i drwy'r amser. Bydden i'n chware 'da un ffrind un funud, ac yna, unwaith ro'dd hi'n gorfod mynd sha thre, bydden i'n ffeindio rhywun arall i chware 'da hi. Ro'dd ofn arna i; do'n i ddim yn deall beth o'dd yn mynd mla'n 'da salwch Mami.

Wrth edrych yn ôl nawr, dwi ddim yn credu bod fy nhad yn deall yn iawn chwaith. Pan mae salwch fel hyn yn digwydd mewn teulu, 'sneb yn gwbod yn gwmws shwd i ymddwyn, ac ar y pryd do'dd unman i fynd i siarad am y peth – neb i ddangos i ni shwd i ddelio 'da'r hyn o'dd yn digwydd inni. Wydden ni ddim ble i droi. Y cyfan allwn i'n bersonol neud o'dd gweddïo a gobeithio bod y person yma o'n i'n ei garu yn mynd i wella, yn hytrach na phellhau oddi wrthon ni, a gwaethygu'n ddirybudd. Wnes i ddelio 'da fe'n reddfol, a rhoi rhyw fath o fwgwd dros fy wyneb – rhywbeth rhyngof i a phawb arall – a gobeithio bydde popeth yn iawn yn y bore. Ro'n i'n gobeithio taw breuddwyd o'dd e ond y gwir amdani o'dd, ro'dd e'n hunlle. Yn sicr, do'n i ddim ishe wynebu'r gwir. Ro'n i'n gwbod tu fewn i fi mod i'n dechre colli Mami. Ma'n deimlad rhyfedd jest i sgrifennu am hyn nawr – ma' agor y drws ar ôl yr holl flynyddoedd yn tynnu dagre o'r llygaid yr eiliad 'ma.

Ma'n amhosib gweud faint o golled o'dd colli Mami mor ifanc. Ro'n i tua deg oed pan ddechreuodd ei salwch. Ro'dd hi'n siarad 'da'i hunan yn gyhoeddus, ac mi barodd hynny am tua chwe mlynedd wedyn – amser hir iawn o gofio faint o'dd fy oedran i a mrawd ar y pryd. Wnes i ddim delio 'da fe'n dda o gwbwl; wnes i ddechre rhoi pwyse mla'n, am mod i'n bwyta pob math o sothach ac yn stwffo, efalle, er mwyn y cysur – *comfort eating* ma' nhw'n ei alw fe erbyn hyn. Mae hyn wedi aros 'da fi drwy mywyd. Bob tro ma' rhyw newid mawr yn fy mywyd i – symud tŷ, diwedd perthynas – dwi'n colli pwyse ac yna'n ei ennill e'n ôl.

Yn ystod mis Medi un flwyddyn, bu'n rhaid i fi fynd i aros 'da Anti Lyn a Nana Ammanford. Es i'r ysgol yng Nghapel Gwynfryn, achos o'dd dim lle am ryw reswm yn yr ysgol fach yn Rhydaman yng nghanol y dre. Bues i fan'na am gyfnod nes bod Mami'n teimlo'n well. Ro'n i wedi clywed y bydde raid iddi gael ECT – *Electroconvulsive therapy*. Do'dd dim syniad 'da fi beth o'dd hwnna, ond ro'n i'n gwbod ei bod hi wedi gorfod mynd i Ysbyty San Pedr yng Nghaerfyrddin. Erbyn y Nadolig, ro'dd hi wedi gwella lot, ac mi ges i'r anrheg Nadolig ore erio'd – ro'dd Mami'n dod yn ôl, wedi gwella! Ro'n i'n aros am fws y Western Welsh ar dop Stryd Margaret yn Rhydaman, ble ro'dd y bysie'n troi rownd, reit ochr draw i Preswylfa, cartre Anti Lyn a Nana, ac ar ôl yr holl wythnose o beidio'i gweld hi, dyna le ro'dd Mami'n dod bant o'r bws, yn edrych mor hapus a 'run mor bert ag erio'd. Redes i fel ffŵl tuag ati a gweiddi, 'Mami! Mami!' – a gafael yn dynn amdani a chael y cwtsh gore erio'd. Do'n i ddim ishe gadael iddi fynd. Ro'dd e'n amser mor hapus i ni i gyd; anghofia i fyth mono fe.

O fewn cwpwl o wythnose, daeth y salwch 'nôl, a dechreuodd siarad â'i hunan 'to. Ro'dd Alun a finne'n methu credu fod hyn wedi digwydd. Ro'dd yn anodd delio 'da fe'r ail dro, achos do'dd neb yn gwbod yn iawn beth o'dd yn bod. Droies i at fwyd eto am gysur i gael gwared â'r teimlad annifyr yma. Ma' cywilydd yn beth ofnadwy, a phan o'n i yn fy arddege do'dd gen i ddim arweiniad, neb i roi fi ar ben ffordd, a'r unig ffordd o gysuro fy hun o'dd bwyta. Tishen, siocled, loshin – y pethe anghywir i gyd – ac wedyn, wrth gwrs, colli pwyse ac edrych yn ffantastig bob yn ail â rhoi pwyse mla'n ac edrych yn uffernol. Bron na allech chi weud fod 'na ddau berson gwahanol – y Gillian dene a'r Gillian dew.

Pan o'n i'n un ar bymtheg oed, es i mas 'da myfyriwr yn y coleg – Coleg y Brifysgol yn Llanbed. Ro'dd ganddo wallt hir ac ro'dd e'n edrych fel gitarydd mewn band roc. Ro'dd fy ngwallt i'n fyr iawn ar y pryd – fel Julie Driscoll. Ro'dd hyn yng nghyfnod y *mods* a'r *rockers* – ma'n rhaid ein bod ni'n edrych yn rhyfedd 'da'n gilydd. Aethon ni mewn i'r Llew Du un noson, a ces i ddiod ysgafn, achos ro'n i dan oedran. Pwy weles i'n eistedd ar bwys y bar ond Mami! Es i'n goch i gyd – ro'dd cymaint o bethe'n mynd drwy meddwl i. Yn gynta, ro'n i dan oedran, ac yn ail, ro'dd Mami'n dost iawn erbyn hyn, a do'n i ddim yn gwbod beth o'dd hi'n mynd i neud na gweud wrth 'y ngweld i. Ro'n i ishe i'r llawr agor a'n llyncu fi. Fe gododd Mami o'i sedd wrth y bar, ac fe basiodd fi a gweud, 'Helô!' 'Helô,' medde finne'n ôl, a mas â hi drwy'r drws. Gofynnodd y boi o'dd 'da fi os o'n i'n ei nabod hi. 'No,' wedes i, 'but she lives in the same street as me.' 'She talks to herself a lot on the street,' wedodd e. 'Yes, I know, I've seen her,' wedes i. Sôn am embaras. Ma' 'da fi gywilydd o'r hyn wnes i erbyn hyn, ond ar y pryd ro'n i'n rhy ifanc i ddelio 'da'r hyn o'dd yn digwydd. Dwi'n gobeithio fod Mam wedi madde i fi.

Dim ond un ar bymtheg o flynyddoedd ges i 'da Mami, fel wedes i. Jest cyn iddi farw, ddethon ni fwy fel dwy chwaer, ond taw fi o'dd y chwaer hyna! Dwi'n ein cofio ni'n canu 'Sisters' – cân y Beverley Sisters, a Dad yn cyrra'dd 'nôl 'da Mr Elgan Davies (yr athro Ffiseg), a fe'n ein clywed ni'n canu. Ro'dd cywilydd arna i, ond ro'dd e wrth ei fodd.

Falle bo hyn yn rhoi syniad i chi o gyflwr Mami: do'n i ddim yn deall hanner y pethe ro'dd hi'n weud, a hithe wedi mynd i siarad â'i hunan ac yn mynnu canu drwy'r amser. Ro'dd hyn yn anodd pan o'dd Alun a fi'n treial astudio ar gyfer Lefel O a Lefel A. Bydde Alun neu fi'n gweiddi o dop y stâr, 'Mami! 'Yn ni'n treial swoto!' Lawr yn y gegin ro'dd hi'n canu ffwl pelt, smoco, yn yfed te 'da tot o *rum* ynddo fe, a bwyta Ryvita a menyn – dwi'n cofio hynny'n iawn. Bydde hi'n cael pwl wedyn o lanhau a chlirio popeth, a do'dd neb yn gallu ffeindo unrhyw beth.

Bu Dad yn ddewr iawn, yn trio rhesymu 'da hi a'i thawelu hi. Mi sticodd e 'da hi drwy'r cyfan; ro'dd e'n caru Mami i'r carn, ac ro'dd e'n ffyddlon iddi drwy bopeth, ond ro'n i'n gwbod bod y sefyllfa mor rwystredig iddo fe. Rygbi, criced, chwaraeon o bob math – yn enwedig bowls – gadwodd Dad i fynd drwy'r cyfan. Gyfaddefodd Dad i fi cyn iddo fe farw iddo deimlo'n euog nad o'dd e byth yn y tŷ i helpu Mami 'da Alun a finne pan o'n ni'n fach; ro'dd e'n galifanto drwy'r amser ar ryw drip neu'i gilydd – chwaracon, dosbarthiade nos, lawr i'r Waun, unrhyw le. Dyna shwd ro'dd Dad yn delio 'da'r sefyllfa. Fe wedodd e ei fod e'n gobeithio'i fod e wedi neud lan i'r ddau ohonom ni am hyn, ar ôl i Mami farw. Mi wnaeth e ei ore i fod yn dad da, ac fe nath e jobyn gwych. Ar ddiwedd ei oes e, daeth y cyfle inni i gyd allu gweud wrth ein gilydd shwd o'n ni'n teimlo.

Ro'n i'n browd iawn o Dad, ac ro'dd e'n browd iawn o Alun a finne hefyd. Ro'dd Dad a finne'n deall ein gilydd i'r dim. Ro'n ni'n cwmpo mas hefyd – peidiwch â meddwl am un funud bo ni'n cytuno bob eiliad – ond ar ôl i'r ddau ohonon ni gwlio lawr, ro'n ni'n dau'n ffrindie gore. Dwi'n gwbod fod Alun a Dad wedi cweryla sawl gwaith pan o'n i bant o Lanbed, ac fe lwyddon nhw i gadw hynny odd' wrtha i, rhag ofn bydden i'n cael fy ypsetio. Rhaid ei bod hi wedi bod yn anodd i'r ddau ohonyn nhw – tad a mab yn byw 'da'i gilydd, o dan yr un to. Ro'dd Dad yn lico'i beint yn Troed y Rhiw (Railway Inn), ac ro'dd Alun, fel fi, yn ei chael hi'n anodd delio 'da'r ddiod; ro'dd yr ysgrifen ar y mur, felly, a chwmpo mas yn anorfod. Ro'dd hyn yn un o'r rhesyme wnes i roi'r gore i'r ddiod yn ddiweddarach yn fy mywyd.

Digwyddodd rhywbeth *spooky* iawn pan o'n i yn y Pumed Dosbarth, cyn eistedd fy Lefel O. Ro'dd rhyw fath o ystafell 'da ni fel blwyddyn y tu ôl i'r llwyfan yn y neuadd, ac ro'n ni i gyd yno'n cadw'n gilydd i fynd cyn yr arholiade; ro'dd dyddie bant 'da ni er mwyn paratoi at yr arholiade, ac ro'dd yr awyrgylch yn eitha *relaxed*, fel diwedd tymor. Ta beth, un diwrnod, ceson ni *séance*, a bachgen o'dd yn arwain y cyfan. Dyna'r unig dro i fi neud unrhyw beth o'r fath. Mi gysyllton ni 'da rhywun o'r enw Kate, ac fe wedes i'n syth bod ifaciwî o'r enw Kate wedi bod 'da Mam-gu a Tad-cu yn Ffairfach yn ystod y rhyfel. Ethon ni mla'n i weld os o'dd neges. 'Yes' o'dd yr ateb. Yn sydyn, aeth cloch yr ysgol i'n galw ni i'r dosbarthiade, a bu raid i mi fynd, ond mi gariodd y gweddill mla'n. Wel, ro'n i'n ffaelu aros i'r wers Hanes gwpla er mwyn i fi gael mynd yn ôl i glywed beth o'dd wedi digwydd. Rhedes yn ôl, drwy'r neuadd a lan i'r llwyfan – y *short cut* i stafell y Pumed Dosbarth. Ro'n i ar ras wyllt a mas o wynt, ac ar y llwyfan mi grashes i mewn i'r boi o'dd wedi bod yn arwain y *séance*, ac fe ofynnes iddo beth ddigwyddodd. 'Ti ddim ishe gwbod!' o'dd yr ateb. Wel, ro'n i 'boutu bosto ishe gwbod nawr! Mi wedodd yn y diwedd taw neges ddrwg o'dd hi. 'O,' wedes i, 'beth o'dd hi? Plîs gwêd'. Yna gofynnes i, 'Is it to do with my mother? She's not going to die, is she?' 'I don't know,' medde fe, 'but you insisted on knowing. I'm sorry'. 'OK,' wedes i, a fe roddodd e gwtsh fach i fi. Wel, allwch chi ddychmygu pa mor ypsét o'n i.

Ychydig ar ôl hynny, mi gollon ni Mami. Cafodd hi *cerebral haemorrhage*. Nid dyna ddiwedd y stori, achos, yn rhyfedd iawn, ymhen blynyddoedd wedyn, bu farw'r bachgen o'dd yn y *séance* yn yr ysgol yn ddyn eitha ifanc, o'r un peth – *cerebral haemorrhage*. Halodd hwnna ias lawr 'y nghefn i. Fues i fyth yn agos at *séance* ar ôl hynny.

Bu farw Mami ar Fehefin y 9fed, 1970. Dwi'n ei chofio hi'n garddio, yn gynnar yn y bore, yna ffeindodd Alun fy mrawd hi ar y llawr wrth ddrws y gegin. Fe gariodd Alun hi lan y stepie i'r rŵm ffrynt, ac yna fe redodd e mas i chwilio am ddoctor – do'dd dim ffôn 'da ni yn y tŷ bryd hynny. Fe adawodd Alun fi ar ben fy hunan gyda hi, a ro'n i'n ofnus iawn. Ro'dd Dad yn yr ysgol ac yn gwbod dim. Fe ddaeth ambiwlans a lot o bobol, ac o'dd rhywun wedi nôl Dad. Yr unig beth dwi'n gofio ydi Mami'n cael ei chario mas mewn cadair, a blanced drosti, a'i throwsus hi'n frwnt achos bo hi 'di bod yn yr ardd. Ethon nhw â hi i Ysbyty Glangwili, a daeth Anti Lyn o Rydaman i edrych ar ein hole ni.

Ro'dd arholiad 'da fi'r diwrnod wedyn am naw yn y bore – arholiad Saesneg Lefel O. Ro'dd Mr Jones, y prifathro, wedi gweud y bydde popeth yn iawn os nad o'n i am eistedd yr arholiad ac y bydde fe'n egluro'r sefyllfa i'r awdurdode. Wedes i bod hi'n bwysig bo fi'n cario mla'n, achos dyna fydde Mami ishe i fi neud. Do'dd dim rhaid i mi wisgo'r iwnifform, medde fe – 'jest dewch mewn yn hamddenol'.

Godes i ar fore'r arholiad a chael lifft i'r ysgol. Rhoddodd Mr Jones fi mewn ystafell ar 'y mhen fy hun, ddim yn bell oddi wrth ei ystafell e, ac mi lwyddes i gwblhau'r papur. Sgrifennes draethawd am gorryn o'dd yn digwydd bod yn neud ei we yng nghornel yr ystafell – dyna'r unig gwmni o'dd gen i yn yr ystafell ac mi gadwodd e fi i fynd am y ddwyawr nesa. Dwi'n amal yn meddwl fasen i'n lico darllen yr hyn sgrifennes i'r diwrnod hwnnw; fe fwynhaees i'r sgrifennu, am ei fod e'n ffordd o ddianc o'r hyn o'dd yn digwydd. Dros y blynyddoedd dwi wedi gwerthfawrogi droeon y gallu i fod yn greadigol pan 'ych chi o dan bwyse.

Ar ôl i fi gwpla'r papur arholiad, daeth y prifathro i mewn, a mynd â fi i'w ystafell. Ro'n i'n gwbod wrth ei wyneb bod newyddion drwg 'da fe i fi. 'Dwi'n gwbod!' wedes i, cyn iddo fe weud dim.

Mi newidiodd fy mywyd yn llwyr o'r diwrnod hwnnw mla'n. Dyfes i lan yn gyflym; i radde ro'dd rhaid i fi, ac eto ro'n i'n anaeddfed iawn tu fewn. Ro'dd popeth yn edrych yn wahanol rywsut. Pan es i sha thre o'r ysgol ar ôl yr arholiad, ro'dd Dad yn sefyll wrth y gât – dyna'r tro cynta i mi ei weld e'n llefen. Ro'dd cynifer o bobol tu fas a thu fewn i'r tŷ – ro'dd yr holl beth yn afreal. Daeth Mrs Jenny Davies, Talavera – mam Pamela, fy ffrind – i ngweld i a nghysuro i, a gweud wrtha i am gofio unrhyw amser y bydden i mo'yn sgwrs i ddod ati hi. Daeth Anne Williams (Hickey) i'r tŷ ar ei phen ei hun i gydymdeimlo. Ro'dd hynny'n golygu llawer iawn i fi, ac yn dipyn o beth i ferch mor ifanc i neud – fuodd hi'n ddewr iawn. Alla i weld hi nawr yn sefyll wrth y drws yn ddagre i gyd, a gweud, 'Fi'n sori i glywed am dy fam' – eiliad wna i fyth anghofio.

Ro'dd hi'n anhygoel faint o bobol ddaeth at Alun, Dad a finne i gynnig help a chysur. Ma'r bobol a gasglodd o'n cwmpas ni pan gollon ni Mami yn dal yn ffrindie agos i fi heddi, a bydd y croeso dwi'n cael pan fydda i'n mynd 'nôl i Lanbed yn un arbennig o gynnes – y gore posib. Ma' bobol mor barod i helpu pan ma' profedigaeth a thrasiedi'n digwydd. Ddysges i bryd hynny pa mor bwysig yw hi i roi cymorth i rywun sydd ar goll.

Gwilym Price o'dd yn trefnu'r rhan fwya o'r angladde yn y dre, ac ro'dd e'n arbennig yn y dyddie anodd hynny ac yn rhoi cant y cant o'i amser i fi, Dad ac Alun, fel 'se fe wedi penderfynu rhoi'r wythnos yn gyfan i ni. Mi eisteddodd 'da fi nifer o weithie, yn siarad yn gall a synhwyrol. Os ces i unrhyw fath o *counselling* bryd hynny, mae'r diolch i Gwilym Price. Hyd yn oed pan dwi'n pasio ei siop, neu fynd mewn iddi heddi, ma' fe a Mrs Price a'r plant yn holi shwd ydw i ac yn cynnig y croeso cynhesaf.

O'dd, ro'dd yr holl garedigrwydd yn anhygoel. Ro'dd y Warmingtons drws nesa – John ac Elizabeth a'u plant,

Awena a Iona – yn gymdogion heb eu hail. Cafodd Alun a finne bryd o fwyd cynnes bob dydd cyn yr angladd. 'Ma'n *rhaid* i chi fwyta!' medde Elizabeth Warmington. Ro'dd hi wedi synhwyro bod dim amser 'da ni i fwyta, wrth bod yr holl bobol yn galw. Mr a Mrs Slaymaker wedyn (rhieni Gary, a fu'n gwarchod Alun a finne pan o'n ni'n blant bach); Mr Gethin (ro'dd e'n dysgu Lladin yn yr ysgol, ac yn meddwl y byd o Alun); David a Hannah Lloyd a'u plant, Nerys a Wyn – fuon nhw i gyd yn wych. Ar nodyn ysgafn, ddangosodd Hannah i fi shwd o'dd neud tishen *sponge* drwchus yn y cyfnod yma (ro'dd pawb yn dod â thishen fel bara brith i'r tŷ), a byth ers hynny ma'n *sponges* i'n werth eu gweld! Bob tro ma' plant Mick, fy mhartner, yn dod i aros 'da ni'r dyddie hyn, ma' 'na *sponge* enfawr ar y ford, ac i Hannah ma'r diolch am hynny!

Ro'dd y dyddie cyn yr angladd yn rhai rhyfedd iawn. Ro'dd rhaid dod â'r arch 'nôl i'r tŷ, ond dwi'n cofio teimlo bod dim ofn arna i, achos Mami o'dd hi. Ro'n i ishe bod yn ddewr a cherdded mewn i'w gweld, a siarad 'da hi fel tasa hi'n fyw. Mi wnes, ond yn annisgwyl i mi, do'n i ddim ishe'i gadael hi ac fe ddechreues i lefen – ro'n i'n gwbod taw dyma'r tro ola y bydden i'n ei gweld hi. Dad a Mr Slaymaker ddaeth i fynd â fi mas.

Y noson honno, ges i freuddwyd fyw iawn. Ro'dd Mami'n siarad â fi ar droed y gwely, ac ro'dd hi'n gweud – 'Mi fyddwch chi'n gallu edrych ar ôl Dad ac Alun – 'ych chi'n ddigon cryf, a fydda i y tu ôl i chi drwy'r amser.' Helpodd hwnna lawer iawn arna i. Yn wir, dwi weithie o hyd yn teimlo bod Mami 'da fi, fel 'sa hi yno'n gorfforol.

O hynny mla'n, ro'dd fy rôl i yn y teulu wedi newid; ro'dd rhaid i fi fod yn ferch, chwaer, mam a gwraig nawr –

llenwi'r bylche i gyd – ond rywsut ro'dd gen i ffydd y bydde pethe'n troi mas yn iawn. Mae Alun fy mrawd wastad yn gweud bo fi'n berson positif, a dwi'n falch iawn *mod* i'n berson felly. Os oes anawstere, yna rhaid eu gwynebu nhw; os nad ydi pethe'n gweithio mas, rhaid camu 'nôl a rhoi cynnig arall arni. Rhoiodd Mam nerth i fi droi sefyllfa anodd ac annifyr yn un adeiladol, a dwi'n ddiolchgar iawn iddi am hynny.

R'yn ni'n deulu sy'n teimlo pethe'n gryf – yn cael *gut feelings* – a dwi mor grac mod i heb wrando ar y rheiny bob tro, a dilyn fy ngreddf. Ro'dd fy Anti Margaret yn gallu bod yn seicig weithie, ac yn gweud ei bod hi'n gweld ysbrydion. Mi halodd lond twll o ofn arna i sawl tro. Fydden i'n eistedd o fla'n tân glo yng nghegin ganol 21 Curwen Street ar y Waun, yn siarad am ddim byd yn arbennig, ac yn sydyn iawn bydde Anti Margaret yn gweud – 'O, weles i rywbeth fan'na!' 'Beth?!' fydden i'n sgrechen. 'O dim – dim ond Anti Joan yw hi.' *Dim ond Anti Joan?!* Chwrddes i erio'd ag Anti Joan; ro'dd hi wedi marw flynyddoedd cyn hynny, ond mi chwyses i sawl tro wrth fynd lan y stâr i'r gwely yn rhif 21 – jest rhag ofn bydden i'n cwrdd â hi wyneb yn wyneb ar y stâr! Do'dd gan Dad ddim amynedd i bethe fel hyn – ro'dd e'n meddwl bod Anti Margaret yn heili stryng!

Ethon ni draw i Garnant un tro i gwrdd â mobryb arall – 'Great' Anti Annie. Ro'dd hi'n seicig go iawn. Pan gyrhaeddon ni'r tŷ a chael croeso, digwyddodd rhywbeth rhyfedd. Fel ro'n i'n cerdded mewn i'r parlwr, dyma fi'n clywed drâr yn agor tu ôl i mi. Edryches i 'nôl, a do'dd neb yna, a fe ddechreuodd Anti Margaret weud, 'O mae'r drâr wedi . . . ' Cyn ei bod hi'n cwpla'r frawddeg, dyma Great Anti Annie'n gweud, 'Peidwch â chymryd sylw – Mam sydd 'na, ishe i fi neud dishgled o de i chi!' O mai god! Ro'dd honno wedi marw ers blynyddoedd!

Bu Vincent Evans yn ffrind da i Dad a'r teulu, ynte hefyd yn wreiddiol o Wauncaegurwen. Ro'dd e'n gymeriad lliwgar a wastad yn hapus, ac yn gyfreithiwr heb ei ail, ac yn ystod y chwedege a'r saithdege bydde fe'n eistedd ar gefn ei geffyl bob dydd San Steffan yn arwain y cŵn hela yn Llanbed. Bydde fe wedi gwisgo mewn trowsus du a siaced goch 'da botyme'n sgleinio, het ddu galed ar ei ben, ac yn enjoio'r achlysur. Ro'dd e'n siaradwr cyhoeddus gwych, yn llawn hiwmor ac angerdd, ac mi fues i'n ddigon lwcus i'w glywed e'n siarad droeon. Bydde fe'n mynd mas o'i ffordd i siarad â fi bob tro o'dd e'n gweld fi'n cerdded yn y dre yn Llanbed. Holes i e rywdro beth o'dd cyfrinach siaradwr cyhoeddus da. 'Byddwch eich hunan bob tro! Byddwch yn onest, a chofiwch un peth pwysig – *a sense of humour*!' o'dd ei gyngor. Mi gadwodd lygaid gwarchodol arna i dros y blynyddoedd.

Ro'dd ei ddiweddar wraig, Nansi, yn berson annwyl iawn hefyd, ac ro'dd eu merch, Annabel, a finne'n ffrindie – ro'dd ganddi hithe ddiddordeb ym myd y ddrama. Ers pan o'n i'n ferch fach, ro'n i'n cael gwahoddiade i'r *parties* yn Llangybi lle ro'dd Annabel yn byw. Ro'dd y bechgyn o'dd yn cael gwahoddiad i'r partïon hyn yn olygus dros ben; un ohonyn nhw o'dd mab Pete Murray, y DJ, ac ro'dd e'n *gorgeous*! Dwi'n cofio danso 'da un ohonyn nhw o'dd yn gwisgo *cravat*, ac mi ofynnodd i mi, 'Tell me, Gillian, do you hunt?' a'r ateb gafodd e o'dd, 'No, I buy my food!' Ma' honna'n stori wir, a ddefnyddies i hi mewn Noson Lawen sawl tro. Aeth Annabel i Cheltenham Ladies College, ac ofynnes i i Dad os allen i fynd fan'na hefyd! Ro'dd e'n swnio fel St.

Trinians. Edrychodd Dad yn hurt arna i! Cafodd Annabel a finne, a'n ffrind arall, Mary Rees, Old Quarry (o'dd hefyd wedi bod bant mewn ysgol i ferched yn unig), lot o sbort dros y blynyddoedd.

Ar ôl colli Mami, Dad o'dd yn gofalu – ar ei ben ei hun – am Alun a finne, a dwi'n siŵr ei bod hi'n anodd iddo fe weithie. Ma'n rhaid bo ni'n dipyn o lond llaw. Dwi'n cofio mynd i gaffi Conti's yn Llanbed bob amser cinio pan o'n i yn y Chweched Dosbarth, ond yn lle cael cinio iawn ro'n i'n bwyta siocled Limmits ac yfed Horlicks er mwyn colli pwyse, ac yn smoco No. 6 hefyd. Chware teg iddo fe, wedodd Leno Conti ddim byd wrth Dad, er bo nhw'n ffrindie da. Ro'n i'n meddwl mod i mor *grown up*!

Yn amal ar nos Sadwrn, fydden i a'n ffrindie'n mynd naill ai i'r ddawns yn Neuadd Buddug, Llanbed, neu i Neuadd Victory, Llanybydder, neu'r Neuadd yng Nghwm-ann. Weithie bydde dawns yn y coleg, a bandie fel Man, Budgie, Smokestack a Tinfoil yn chware. Ro'dd y rhain i gyd yn fandie poblogaidd iawn bryd hynny, a fydde'r nosweithie'n rhai gwyllt. Ro'n i'n cael *crush* ar rywun bob tro, yn enwedig drymwyr. Do'dd bywyd ddim yn werth ei fyw os nad o'ch chi'n cael crysh! Mi ges fy nghrysh cynta ar y boi 'ma o Gaerfyrddin o'dd yn chware drymie i fand Tinfoil. *Diawch* o'dd e'n dda, a finne'n danso ar y llawr ac yn 'showan off' gan obeithio y bydden i'n dala'i lygaid e – *ac* mi wnes!

Es i mas 'da Phil Tinfoil am ddwy flynedd. Fydden i'n dala'r bws i Gaerfyrddin ac yn mynd i weld ffilm yn y pnawn – dwi'n cofio ma' *Chitty Chitty Bang Bang* o'dd un – a wedyn, ar ôl cyrra'dd adre am chwech o'r gloch, fydden i'n mynd draw i'r parc i'w ffono fe o un o'r ciosgs hen ffasiwn 'na 'da botyme A a B. Faint ohonoch chi sy'n cofio'r rheiny?! Dreulies i orie'n siarad 'da fe, ac yn amal iawn ro'dd 'na giw tu fas i'r ciosg, a sawl un yn mynd yn ddiamynedd ac yn grac 'da fi achos mod i'n hunanol o hir yn y ciosg. Allech chi feddwl taw fi o'dd bia'r ffôn! Wrth gofio bod fy mam mor dost, ro'dd hyn yn rhyw fath o ddihangfa i mi; ro'n i'n ddiolchgar iawn am y berthynas, o'dd yn un ddiniwed iawn o edrych 'nôl. Fydden ni'n siarad Saesneg 'da'n gilydd – Saesneg Caerfyrddin! Wedi i ni gwpla'r berthynas, aeth Phil i siarad mwy o Gymraeg, a Chymraeg da hefyd, a neud enw iddo fe'i hunan a chael cryn lwyddiant 'da'r band Cymraeg Ac Eraill. Aeth Phil Edwards mla'n i fod yn gyfarwyddwr teledu, a bellach mae e wedi priodi Carys, cynllunydd a welwch chi'n amal ar y teledu yn rhoi cyngor ar shwd i addurno'r tŷ ac sy'n cynllunio setie gwych ar gyfer teledu hefyd. Ma' Carys a fi wedi cydweithio tipyn dros y blynyddoedd.

Mi ddantodd Dad ar weud wrtha i am ddod sha thre yn deidi cyn hanner nos ar nos Sadwrn. Ro'dd Alun wedi mynd i'r Brifysgol yn Salford erbyn hynny, i astudio a chael gradd mewn Economeg, felly dim ond Dad a fi o'dd yn y tŷ. Do'n i byth yn gwrando arno fe – druan ag e, yn gorfod dodi lan 'da merch yn ei harddege. Un noson, ces i ngwahodd i ddawns yn y coleg yn Llanbed gan fachan o'r enw Brian – bachan golygus iawn. Aeth â fi i Neuadd y Celfyddydau yn y coleg, ac fe geson ni noson hyfryd. Ro'dd fy ffrind, Pam, yno hefyd yn mwynhau 'da ffrind Brian – Bryn! Geson ni'n llunie wedi'u tynnu ac ro'dd hi'n noson i'w chofio. Ro'dd y ddwy ohonon ni mor hunanbwysig, ac yn credu'n bod ni'n sbeshal, wedi llwyddo i gymysgu 'da'r *academics*. Dwi'n cofio'r ffrog ro'n i'n ei gwisgo hefyd – y top ar siâp blows ac yn lliw brown, a belt o gwmpas y canol (dyna'r ffasiwn bryd hynny), a'r gwaelod mewn rhyw fath o tartan ysgafn mewn lliw brown, gwyrdd gole a gwyn, a'r goler a'r cyffs yn wyn. Ro'dd hi'n dipyn o ffrog ar y pryd! Ro'n i'n hapus ac yn joio.

Benderfynon ni gerdded sha thre – lan Heol y Bryn. Ro'dd Brian wedi cael gafael ar ddaffodil ac yn trio bod yn rhamantus ond do'n i, am ryw reswm, ddim yn gwerthfawrogi hyn. Ddim yn y mŵd – rhy *fussy*, sbo. Ro'dd e mo'yn i fi aros yn y coleg 'da fe, yn ei stafell. *No way!* Wel, ro'n i ffaelu – dim ond un ar bymtheg o'n i, a bydde neud shwd beth yn ddiwedd y byd i fi! Do'dd Brian ddim yn hapus. Ond 'na fe. 'Leave the audience wanting more' fel ma' nhw'n gweud yn Saesneg! Dyna beth wnes i, beth bynnag – cusan fach dawel ar gornel Cambrian Road, ac yna sha thre. 'Good night,' wedes i wrtho fe, 'and thank you very much for a lovely evening. Diolch yn fawr iawn.' A bant â fi.

Ro'dd hi'n noson dywyll iawn, ac wrth i mi gerdded at Merlin, dyma hi'n dechre bwrw glaw – pistyllio lawr. Wel, ro'dd gen i *hairpiece*, *false eyelashes* a sgidie platfform – y wyrcs! – a ro'n i'n socan. Gyrhaeddes i Merlin, ac er mawr syndod i fi ro'dd y tŷ yn dawel ac yn ddu bitsh. Ro'dd Dad wedi cloi'r drws ffrynt a'r *bay window*. Ro'n i'n gwbod beth o'dd y rheswm – ro'dd e ishe dysgu gwers i fi, achos ro'dd hi'n hanner awr wedi un y bore!

Drodd y glaw yn gesair. O fflipin hec, feddylies i. Uffarn dân, beth uffach i fi fod i neud nawr? Dries i gnoco'n dawel a gweiddi 'Dad!' drwy'r blwch llythyron, ond dim ateb. Dim yw dim. Ro'dd rhaid i fi feddwl am gynllun arall. 'Come on now, Thomas, you can do this!' feddylies i wrthyf fy hunan. Gerddes i rownd i gefn yr ardd, lawr Hewl Cambrian, ac erbyn hyn ro'n i wedi colli un o'n sodle. Ro'dd y ddelwedd yn dechre craco braidd, ac ro'dd y cesair yn powndio lawr nawr – jest i ychwancgu at y ddrama! Gyrhaeddes i'r sièd ar bwys y gegin (rhyw *makeshift* o'dd y sièd – dyna lle'r o'dd y bath!) ac ar ôl whilmentan, ffeindes i raw fach. Grêt! Bant â fi 'nôl rownd i'r ffrynt. Gymrodd hyn rhyw bum munud. Ro'dd twll o fla'n y drws ffrynt – twll a chlawr arno er mwyn llwytho glo i'r seler. Mi agores i'r clawr 'da'r rhaw. Ffantastig; llwyddiant! Ond y peth nesa o'dd raid ei neud o'dd trio mynd lawr i'r twll 'ma (yng nghanol y glo) yn y ffrog *classy*. Y cwbwl o'dd ar fy meddwl i o'dd bo raid i fi fynd i'r gwely, achos bod ysgol 'da fi'r bore wedyn! Mcwn â fi i'r twllwch – dim ond jest ei neud e, gan faglu dros fwcedi a rhacas a rhawie a phob math o drugaredde garddio ac, o'r diwedd, cyrra'dd drws y gegin. Ro'dd hwnnw ar gau hefyd! Ro'dd Dad wedi llwyddo i droi'r tŷ yn Fort Knox y noson honno, a gysgodd e drwy'r cwbwl. Rywfodd, mi lwyddes i agor y drws a mynd mewn i'r tŷ.

Y bore wedyn, mi wnes i frecwast iddo fe. Neb yn gweud gair, ac fe benderfynes i yn y diwedd dorri'r tensiwn drwy siarad 'da fe mewn acen Saesneg posh. 'So, Daddy, would you like to know how your lovely daughter got into the house last night?' 'Yes!' medde fe, 'da rhyw dwincl yn ei lygaid, 'shwd uffach ddethoch chi fewn, de?' Ac yn fy llais dwfn cryf, mewn acen ffarmwr lleol, wedes i'n uchel, 'Trwy'r *manhole!*' Cafodd Dad fodd i fyw yn ailadrodd y stori 'na wrth ei ffrindie am amser hir wedyn.

Ro'dd fy rhieni'n ddawnswyr da iawn, ac wedi ennill nifer o wobrwyon am ddanso pan o'n nhw'n caru. Nhw, fel arfer, o'dd yn dechre'r danso yn y dawnsfeydd mawr i gyd yn Llanbed. 'Edelweiss' fydde'n dechre'r noson, a dyna o'dd ffefryn y ddau. Bob tro dwi'n clywed y gân yna dwi'n eu dychmygu nhw'n danso 'da'i gilydd. Ro'n nhw'n werth eu gweld. Nid yn unig ro'dd Dad yn berson academaidd, ro'dd e hefyd yn ffit iawn, diolch i'w ddiddordeb mewn chwaraeon (llwyddodd i gael lle yn y 'Swansea 15s' flynyddoedd cyn hynny, ac ro'dd hynna'n golygu rhywbeth bryd hynny); er syndod i nifer, ro'dd Dad hefyd yn ysgafn iawn ar ei draed.

Digwyddodd rhywbeth hyfryd i Dad a finne pan o'n i'n ddeunaw oed. Ro'dd y 'Royal British Legion Ball' yn agosáu, a gofynnodd Dad i fi a fydden i'n lico mynd. Er mod i'n ifanc iawn, do'n i ddim ishe gweud 'Na' rhag ofn y bydden i'n ei ypseto fe. Yn ddistaw bach, ro'n i'n *chuffed* iawn ei fod e wedi gofyn i fi, ac edryches i arno fel 'sen i'n mynd yno i gynrychioli fy mam. Pan ddaeth y tocynne drwy'r drws, ces i fraw, achos ro'n nhw hefyd yn dewis Brenhines y 'Legion' y noson honno. 'Dwi ddim yn meddwl galla i fod 'na, Dad!' wedes i, yn llawn nerfe. 'Mae e lan i chi!' wedodd e. Un o'r pethe ddysgodd Dad i mi o'dd peidio gorfodi rhywun i neud rhywbeth. Dad druan, do'n i ddim ishe'i siomi, a phenderfynes i fynd.

Ro'dd y dyddie cyn noson y ddawns fel dyddie cyn noson agoriadol perfformiad! Ro'dd rhaid prynu'r ffrog iawn ac ati, a ffeindes i mas fod rhai o fy ffrindie'n mynd hefyd. Ro'dd hyn wedi mynd yn gystadleuaeth go iawn! Do'n i ddim am dynnu 'nôl nawr – ro'dd hi'n rhy hwyr. Pan ddaeth y noson, ro'dd fy stumog i'n troi. Geson ni fwyd blasus, ac yna, ar ôl amser hir, dyma rywun o'r llwyfan yn gofyn i'r merched o'dd yn bwriadu cystadlu i godi ac i fynd i ddanso 'da'u partneriaid. Droiodd Dad ata i, a gweud, 'Chi'n dod, 'te?' Godes i, ac ro'dd e fel breuddwyd. Yr unig beth dwi'n cofio o'dd i Dad neud i fi deimlo ac edrych fel brenhines!

Sylweddoles i erio'd pa mor grefftus o'dd e ar y llawr danso. Ro'dd gen i gymaint o barch tuag ato fe – wedi colli ei wraig, a gwbod mod inne wedi colli mam. Dansodd Dad fi rownd y neuadd i gyd, a finne'n teimlo fel Audrey Hepburn yn ffilm *My Fair Lady* yn danso 'da Professor Higgins! Ro'dd Dad yn browd iawn ohono' i, a finne mor browd ohono fe am lwyddo i nghael i i fihafio a danso mor osgeiddig ac urddasol. Bu rhywbeth sbeshal rhyngon ni'r noson honno, ac ro'ch chi'n ymwybodol fod pobol yn enjoio edrych arnon ni. Ro'dd Dad yn sibrwd, 'Cadwch y'ch pen lan, ferch – *relax*', ac fe wnes i, a do, fe ddewison nhw fi fel y Frenhines! Ces fy nghoroni ar y llwyfan, ac ro'dd Dad yn y cefn yn browd i gyd yn cymeradwyo – 'da'r Woodbine yn ei geg. Ro'n i mor falch drosto fe yn fwy na dim.

Roiodd hwnna hyder i mi, ac ar ôl cael fy newis yn Frenhines, ro'dd rhaid i mi fynd i siarad yn gyhoeddus mewn ciniawe ac ati. Wrth edrych 'nôl nawr, ro'dd Dad yn glyfar iawn yn 'y nghael i i neud hyn. Cystadleuaeth y Sir o'dd nesa, o'dd yn cael ei chynnal ym Mlaendyffryn, ger Llandysul. Daeth ffrind 'da fi, ac ro'dd rhaid i fi fynd â'r sash a'r ffrog a'r trugaredde i gyd 'da fi. Pan gyrhaeddes i, dim ond fi o'dd yn gwisgo ffrog hir a sash! Ro'n i'n poeni bod yr holl baraffanelia yn neud i fi edrych yn orhyderus, pan taw'r gwrthwyneb o'dd yn wir. Ro'dd hi'n hollol wahanol i'r 'Ball' yn Llanbed; ro'dd e fwy fel band a disgo, a bu'n rhaid cerdded rownd mewn cylch a sefyll mewn llinell – ro'n i'n teimlo fel buwch ym mart Llanbed!

Ddes i'n ail. *Am* siom (dyna'r gair 'na 'to!), a finne mor gystadleuol! Fe nath ddaioni i mi wbod beth o'dd colli. Daeth rhyw foi o'dd wedi meddwi'n rhacs ata i, a gweud, '*Ti* dyle fod wedi ennill!' Es i a fy ffrind adre'n eitha hapus ar ôl hynny. Wedi'r cwbwl, fi o'dd 'The Lampeter Royal British Legion Queen' – diolch i Dad!

Gadael Llanbed a mynd i'r coleg

Mi adawes i Lanbed, yn ddwy ar bymtheg oed, i fynd i Goleg Cerdd a Drama Caerdydd. Ro'n i wedi derbyn saith Lefel O yn yr ysgol. Ro'dd hwn yn gyfnod hynod o gynhyrfus – mynd mas i'r byd mawr.

Wrth gwrs ro'dd rhaid i fi adael Dad ac Alun. Ro'n i'n teimlo'n euog am hynny, teimlo y dylen i aros i edrych ar eu hole nhw, ond fynnodd Dad mod i'n mynd – ro'dd rhaid i fi gael y cyfle. O'dd dim clem 'da fi beth o'dd o mla'n i; ro'n i'n teimlo'n ddewr ac yn ofnus 'run pryd. Ro'dd un peth wedi rhoi llawer iawn o hyder i fi – mi bases i'r prawf gyrru y tro cynta, a hynny yn ddwy ar bymtheg oed. Ro'dd Alun wedi methu'r prawf, ac o'r diwedd ro'n i wedi ffeindo rhywbeth o'n i'n gallu neud yn well nag Alun! Brynodd Dad A40 glas i ni gael dysgu ac ymarfer ynddo fe cyn y prawf.

Ar y dechre, penderfynodd Dad taw fe fydde'n fy nysgu i i yrru car. Dyna beth o'dd mistêc! Ethon ni lan i'r *golf-links* un tro, a fan'na ro'n i'n gwrando'n astud ar Dad a'i gyfarwyddiade, cyn iddo fe benderfynu'n sydyn mynd mas o'r car, a sefyll fel plismon ar ganol yr hewl fach gul yma, a thrio'n helpu i i neud *three-point turn*! 'THREE-POINT TURN!' waeddodd e yn ei lais plismon. 'Olreit, olreit – fi'n gallu clywed chi!' Ro'n i ishe chwerthin a llefen yr un pryd. A gweud y gwir, o'n i'n falch bo ni wedi dod mas o Lanbed, achos pan o'n i'n dreifo rownd y sgwâr (yn neud tua pum milltir yr awr), ro'n i'n teimlo'n *embarrassed* braidd. Ro'n i'n gallu gweld pobol yn siarad amdanon ni. Ro'dd twll yng ngwaelod y car – o dan fy nhraed. Allen i fod wedi cerdded y car rownd y sgwâr fel yr Ant Hill Mob! Ta beth, 'nôl i'r *golf-links*. Ro'n i'n gwrando ar Dad yn gweud, 'Left! Right! Left a bit, right again, now back to the left, sloooowwwwly . . . To the *left*! *TO THE LEFT!*' Peth nesa, ro'n i yn y clawdd. 'Oh, you *STUPID GIRL!*' medde fe. Finne'n llefen, a gweiddi'n ôl, 'Peidiwch â galw fi'n "stupid girl" – o'n i ffaelu clywed chi mas fan'na, 'da'r Woodbine 'na yn y'ch ceg!' (Ro'dd honno'n anochel pan o'dd e'n canolbwyntio.) Ro'n ni'n sgrechen ar ein gilydd – diolch fyth bod neb o gwmpas – ac, yn y diwedd, wedodd e'r llinell anfarwol, 'Oh, go home and get married and have some babies, will you?'

Wel, do'n i ddim yn gwbod beth i weud, ond yn sicr do'n i ddim yn mynd i gael un wers arall 'da Dad! Mr Harrison gafodd y job o ddysgu fi o hynny mla'n, ac un gwych o'dd e hefyd. Chi'n gweld, pan odd Dad a fi yng nghwmni'n gilydd, ro'dd hi fel comedi *double act*. Ar waetha popeth, ro'n ni'n cael lot o sbort 'da'n gilydd, ac yn deall ein gilydd i'r dim y rhan fwya o'r amser. Ro'dd e'n gallu dod mas â'r cymale a'r brawddege bythgofiadwy hyn – perle bach dwi'n dal i gofio, ac sy'n neud i fi wenu hyd heddi.

Bues i'n meddwl ar un adeg y bydden i'n mynd i astudio drama yng Ngholeg y Drindod, Caerfyrddin, ond ro'dd rhywbeth yno' i o'dd ishe cael fy nhraed yn rhydd. Ro'dd Caerdydd a'r Coleg Cerdd a Drama yn apelio mwy – ro'dd e'n bellach bant o gartre! Ma'n rhan o'n natur i, os nad ydw i *wir* ishe neud rhywbeth, mod i'n gofalu fod y penderfyniad yn cael ei neud drosta i. Dyna wnes i 'da'r Drindod – dim! Hynny yw, wnes i ddim paratoi o gwbwl ar gyfer y cyfweliad. Er bod Norah Isaac wedi bod yn garedig iawn yn fy siarsio i fynd amdani, a gweud wrtha i am baratoi a darllen y llyfre ro'n i fod i ddarllen, ro'n i wedi penderfynu taw i Gaerdydd o'n i am fynd. Wnes i ddim sylweddoli am flynyddoedd lawer wedyn cymaint o'dd cyfraniad Norah Isaac i fyd y ddrama yng Nghymru – ro'dd hi'n un o'r hyfforddwyr gore allen i fod wedi'i gael, ond wrandawes i ddim. Ymhen blynyddoedd wedyn, mewn Steddfod yn rhywle, daeth hi ata i a siarad yn garedig iawn am safon fy ngwaith i a'r ffordd ro'n i wedi datblygu. Ro'n i wedi dwlu. Bu'r geirie hynny'n hwb ac yn ysbrydoliaeth i mi i barhau 'da ngwaith.

Ro'n i yn yr un flwyddyn yn y Coleg Cerdd a Drama â Cliff Jones sydd erbyn hyn wedi neud enw iddo'i hunan fel cyfarwyddwr, dawnsiwr a chynhyrchydd. Fe ac Eirlys Britton yw cyfarwyddwyr Dawnswyr Nantgarw. Yn y flwyddyn gynta yn y Coleg, cafodd Cliff a finne, a dwy fyfyrwraig arall, gyfle i actio mewn drama o'r enw *Fumed Oak*. Ro'n ni'n gorfod rhoi acen Cocni mla'n, ac ro'dd hyn yn ddoniol iawn. Do'dd Cliff ddim yn ei chael hi'n rhwydd i neud yr acen, ond mi roiodd gynnig teidi arni a brwydro mla'n. Ro'n i'n iawn, jest abowt, ond ro'dd y ddwy arall yn dda; ro'dd un ohonyn nhw'n dod o Lundain – tipyn o fantes dros Cliff a finne! Ro'n i'n caru 'da bachan o'r enw Steve o'r ail flwyddyn – fe o'dd fy nghariad cynta, fel petai! Ro'n i'n actio rhan mam-gu yn y ddrama yma, ac o'dd golwg y diawl arna i. Ro'dd myfyrwyr yr ail flwyddyn yn gorfod bod yn gynulleidfa i'r ddrama yma, a chwerthinon nhw drwyddi. Do'n i ddim yn siŵr o'n nhw'n chwerthin 'da ni ynteu ar ein penne ni! Ar ôl y perfformiad, ro'n i'n siŵr bydde Steve ishe cwpla 'da fi, ond na, i'r gwrthwyneb. Ro'dd y ddrama'n *hit* – yn ôl Steve, ta beth, er falle taw bod yn garedig o'dd e!

Rhyw fis ar ôl y ddrama, ro'n i'n cael gwers 'da Miss June Griffiths, gwraig Mr Raymond Edwards, y prifathro, a chnocodd Cliff ar y drws, pipo'i ben i mewn, a gweud, 'Thank you very much for having me, but I'm going to Carmarthen Trinity, as they do drama in the Welsh language there!' *Shock, horror!* Ro'n i'n drist iawn bo fe wedi mynd, ac eto ro'n i'n ei edmygu am neud ei ddatganiad. Ro'n i ishe mynd ar ei ôl e, ond do'n i ddim ishe rhoi mwy o boen meddwl i Dad. Dwi'n falch mod i wedi dod ar draws Cliff ac Eirlys droeon wedyn dros y blynyddoedd – r'yn ni'n deall ein gilydd i'r dim, yn enwedig mewn comedi. Ces i'r fraint o weithio 'da Dawnswyr Nantgarw yn y rhaglen deledu *Noson Lawen* o Gaerdydd 'nôl yn 2005 ac, wrth gwrs, rhaid cofio hefyd bod Eirlys a finne wedi gweithio 'da'n gilydd ar *Pobol y Cwm* am flynyddoedd – hi o'dd yn chware rhan Beth Leyshon.

Dwi'n dal yn ffrindie 'da nifer o bobol o'dd yn y Coleg Cerdd a Drama yr un pryd â fi. Ma' Marian Skym, neu Maz, yn un ohonyn nhw. Dwi'n cofio cwrdd â hi'r tro cynta lan yn Aberystwyth, mewn gweithdy drama a drefnwyd gan The Welsh Drama Association of Wales – pan o'n i'n bymtheg oed. Ro'n nhw'n cynnal y gweithdai yma bob blwyddyn, ac fe gwrddes i â darlithydd arbennig o'r enw Peter Palmer yno hefyd. Ro'dd e'n arbenigo ar y llais. Feddylies i fyth, yn 1968, y bydde fe'n un o fy mentors i yn nes mla'n yn y Coleg Cerdd a Drama. (Bob tro o'dd e'n gweld fi, ro'dd e'n meddwl mod i'n edrych yn debyg i Jane Rossington, yr actores o'dd ar y pryd yn chware rhan Gill yn yr opera sebon *Crossroads*.)

Ma' Maz yn un o'r ffrindie sydd wedi bod yn gyson yn fy mywyd. Bob hyn a hyn 'yn ni'n cwrdd, cael pryd o fwyd, a dala lan 'da'r hyn 'yn ni wedi bod yn neud, a bydd y sgwrs yn amal yn troi i'r gweithdy 'na yn Aberystwyth lle cwrddon ni gynta.

Yn y gweithdy, ro'n ni'n perfformio dramâu o'r enw *Lysistrata* gan Aristophanes, a *The Playboy of the Western World* gan J. M. Synge. Ro'dd Maz yn y ddrama Roegaidd, *Lysistrata,* a finne yn y ddrama wedi'i scilio yn Iwerddon. Ar ddiwedd wythnos o weithio ar shwd i daflu'ch llais a gwbod shwd i symud ac ati, ro'dd rhaid dangos a pherfformio'r cynhyrchiad o'dd wedi cael ei ddewis ar ein cyfer. Ro'n ni i gyd yn aros yn Neuadd Carpenter's. Ro'dd y profiad hwnnw ynddo'i hun yn Hollywoodaidd iawn i blentyn pymtheg oed! Ro'dd rhaid i ni gael clyweliade ar gyfer y rhanne, yn gwmws fel bydden ni'n cael yn y byd proffesiynol, a'r unig beth o'n i'n gwbod i'w gynnig yn y clyweliad o'dd cân Poli Gardis o *Dan y Wenallt*, a hynny yn y Gymraeg, os dwi'n cofio. Ces ran un o'r merched yn nrama Synge, ac ro'n i braidd yn siomedig am hynny, ond yn fy nghalon ro'n i'n gwbod fy mod i yn y rhan iawn ac y bydde'r profiad yn un da – falle dele gwell rhan i mi'r tro nesa.

Gwplon ni'r wythnos yn perfformio'r gweithie. Dwi'n credu taw Maz o'dd yn chware Lysistrata, achos ro'dd rhaid iddi gerdded lawr y grisie'n urddasol iawn (ma' Maz yn un dda am neud *entrances* – debyg i fi!). Hi o'dd yn agor y ddrama, ac mi gerddodd i fla'n y llwyfan i weud y llinell agoriadol. Pawb yn aros, ac yn aros, ac yna – dim! Ddaeth dim byd mas o'i cheg, nes yn y diwedd bu raid i rywun daflu'r llinell ati. Wel, dyna beth o'dd entrans! Dyna pryd nes i 'bondo' 'da hi, achos fe wnaeth hi i fi deimlo'n well. Os ydi rhywun yn neud camgymeriad cyn i chi neud un, mae e'n deimlad o 'Whew – diolch byth nage fi o'dd hwnna!' Nid bo chi *mo'yn* i rywun neud camgymeriad ond, bois bach, 'ych chi'n falch nad y chi nath!

Do'dd hwnna'n ddim byd o'i gymharu â beth ddigwyddodd wedyn yn y parti. Dyma un o'r troeon cynta i mi gael gormod o win. Do'n i ddim yn deall bod yr hyn o'n i'n neud yn ddrwg i mi – ro'n i'n meddwl fod pawb o'dd 'run oedran â fi yn neud yr un peth. Ro'n i'n siarad 'da'r boi tu ôl i'r bar, ac ro'dd e'n ddifyr iawn. Symudodd pawb o'dd ar y cwrs i mewn i ystafell arall a siarad 'da'u gwydre'n llawn gwin – 'Wonderful show, darling; you were *marvellous*!' – chi'n gwbod y math o beth! Ro'dd eu hiaith nhw'n ddiarth i fi, ond ro'dd y boi tu ôl i'r bar yn siarad fy iaith i. Ro'n i ishe dianc o'r lle 'da boi'r bar, ond do'n i ddim ishe dangos i'r criw mod i wedi clico 'da fe.

Wel os do fe! Dyma'r boi yn cwpla'i shifft ac yn gweud y gallen i fynd mas drwy'r ffenest os o'n i ishe osgoi'r cwmni. 'Iawn,' wedes i. 'Now,' wedodd e, 'don't put your feet down, because . . . ' a chyn iddo fe gwpla'i frawddeg, ro'n i wedi cwmpo pymtheg troedfedd i'r llawr gwaelod lle ro'dd y bins a'r rwbish! Dyna i chi gyflwyniad erchyll i'r byd actio. Dyna lle ro'dd boi'r bar yn pipo arna i dros y *railings*, yn ofn gofyn a o'n i'n iawn. Wedes i, yn ara bach, 'OK, OK, OK – I'm *OK*!' Dyma'r boi yn gofyn a alle fe regi! 'Iawn,' wedes i, ac fe regodd e'r rhegfeydd mwya rheglyd a regwyd erio'd. Ro'dd e mor falch mod i'n OK!

Ro'n i'n ofn symud, rhag ofn i f'esgyrn i gwmpo'n bishys. Codes yn ara bach – ro'n i mor stiff, ac ro'dd y boi'n gorfod mynd â fi 'nôl lan i f'ystafell. Weles i mo'r promenâd na'r *shelter* lle ro'dd cyple'n mynd i ganŵdlan! Na, noson gynnar o'dd hi i fi, yn anffodus – wedi cael llond twll o ofn. Do'dd y boi bach ddim yn gwbod beth fwrodd e. Bore wedyn y teimles i'r ergyd – o'n i prin yn gallu cerdded, ond mi welles yn weddol erbyn y prynhawn. Dwi'n credu, gan i mi gael cwpwl o wydre o win, bod fy nghorff wedi ymlacio rywfaint, ac felly mod i heb gael cymaint o niwed â phe bawn i'n sobor fel sant. (Ar y llaw arall, tawn i *heb* gael y gwin, fydden i byth wedi meddwl mynd mas trwy'r ffenest yn y lle cynta!)

Trwy Maz y cwrddes i â Catrin Llwyd, ddechreuodd fel actores ond wedyn a aeth yn ddarlithydd yn y Coleg Cerdd a Drama. Diolch i Catrin, ces y fraint o ddysgu cwpwl o ddosbarthiade meistr yn y Coleg, o'dd yn brofiad newydd sbon i mi.

Ar ôl y gweithdy drama yn Aberystwyth, fe wnes i weithdy drama arall yng Nghaerfyrddin, pan o'n i ryw ddwy ar bymtheg oed – cyn mynd i'r coleg. Ro'n i damaid yn fwy profiadol erbyn hyn, ac fe gwrddes i â bachan hyfryd. Ro'n i'n meddwl ei fod e'n foi golygus iawn, ac aeth e â fi am goffi un diwrnod. Ro'n i'n ffaelu credu'r peth – es i'n ecseited i gyd! Wedodd e wrtha i ei fod e'n meddwl mod i'n ferch hyfryd ac yn sbort. *'Yes!'* feddylies i – unrhyw funud nawr ma' fe'n mynd i ofyn i fi fynd mas 'da fe. Ond na, beth wedodd e o'dd, 'Dwi ddim yn gallu mynd mas 'da ti.' 'Pam?' wedes i. 'I'm homosexual!' 'Oh, what does that mean?' wedes i wedyn – a dyma fe'n egluro. Es i i deimlo'n fflat i gyd. Brynodd e goffi arall i fi, a dyna'r tro diwetha weles i fe. Ro'dd e mor ddeniadol, a ddysges i dipyn y diwrnod hwnnw.

Ro'n i'n mwynhau'n arw astudio yn y Coleg Cerdd a Drama, ac fel sonies i, ro'dd gen i gariad o'r enw Steve –

ro'dd e yn yr ail flwyddyn, a finne yn y flwyddyn gynta. Cwrddes i â Steve mewn parti yn Newport Road. Ro'dd Olwen Medi a finne wedi mynd yno 'da'n gilydd, achos ro'n ni'n dwy wedi dod yn ffrindie'n gyflym iawn – o'r funud gwrddon ni ro'n ni'n chwerthin ar yr un pethe. Ro'dd Medi'n ffrind da, yn ymroddgar yn ei gwaith, ac yn barod am sbri. Ro'dd parti mawr i groesawu'r myfyrwyr blwyddyn gynta yn Newport Road. Fan'na glicodd Steve a finne, ac ethon ni 'nôl i'r fflat lle ro'dd Medi'n aros – fflat Iwan, ei brawd, a Gill Griffiths. Ro'dd Iwan yn gyfarwyddwr teledu, ac ro'dd rhai o'i gyd-gyfarwyddwyr yno'n cwpla'u swper – Allan Cook a'i wraig Sue, a Dave Evans a'i wraig. Ddechreuon nhw siarad â ni, ac ro'n i braidd yn *embarrassed* bo ni wedi torri ar draws eu noson. Dwi ddim yn cofio llawer mwy am weddill y noson, dim ond i Steve a fi siarad drwy'r nos ac yfed galwyni o goffi, a hynny mewn fflat dieithr.

Bues i'n lwcus i gael rhanne gwych yn y coleg. Yn y flwyddyn gynta, ces i'r fraint o ganu'r gân, 'Adieu la vie, adieu l'amour' (gan ddynwared Edith Piaf) allan o'r sioe *Oh, What a Lovely War*. Ro'dd y milwyr wedi marw ar y llwyfan, ac ro'n i'n gorfod canu yn y *wings* – a neb yn gwbod pwy o'dd yn canu! Ro'dd Steve yn chware rhan y Sargeant Major, ac ro'dd e'n dda hefyd. Aeth e i ddysgu wedi iddo fe adael coleg, ac yna mla'n i weithio 'da'r *Western Mail* – do'dd e ddim, fel fi, yn ysu i fod yn actor proffesiynol.

Weithies i'n galed yn y flwyddyn gynta, a dod yn drydydd yn y dosbarth. Richard Stone ddaeth yn gynta a John Bexson yn ail, ond dwi ddim yn gwbod beth ma'r ddau yna'n neud erbyn heddi. Ein blwyddyn ni o'dd y flwyddyn gynta i gael bod yn adeilad newydd y coleg – Theatr y Bute, a hynny pan ethon ni i'r ail flwyddyn yn 1973.

Wnes i sawl perfformiad yn yr ail flwyddyn, o'dd yn brofiad gwych: *The Silver Curlew*, *A Kind of Loving* (chwaraees i ran y fam-yng-nghyfraith, y rhan a chwaraeai Thora Hird yn y ffilm) ac ati. Un ddrama wnes i weithio'n galed iawn arni o'dd *The Caucasian Chalk Circle* gan Brecht. Un llinell o'dd 'da Rhodri John yn y ddrama; ro'dd e'n dod mas o gasgen, ac yn gweud wrth Grusha (fi), 'Scrub my back, woman!' Roiodd Rhodri sawl lifft i fi i Lanbed yn y cyfnod yna; ro'dd e'n rhoi ei droed lawr, ac yn mynd fel ffŵl dwl. Aeth e mor gyflym un tro, gorfod i ni stopo achos ro'dd Tomos John, fy nghath, wedi neud y mès rhyfedda yn y caitsh yng nghefn y car. Erbyn heddi ma' Rhodri'n gynhyrchydd ac yn gyfarwyddwr.

Yn y tair drama, ro'n i wedi llwyddo i gael y brif ran, ac ar ddiwedd y flwyddyn, ces i'r 'Principal's Prize' o'dd yn cael ei roi i'r 'most hard working student'. Wel dyna anrhydedd, achos do'n i ddim wedi neud mor dda â hynny yn fy arholiade yn yr ail flwyddyn. Ro'dd rhaid neud traethawd hir o wyth mil o eirie, a phenderfynes sgrifennu ar 'Comedy, with a digression on Welsh Comedy'. Ro'dd e'n lot o waith. Ces i help Dad dros wylie'r Pasg i deipo'r wyth mil o eirie – Dad yn teipo bob dydd o'r gwylie, chware teg iddo fe – ac fe ddoed i ben â fe yn y diwedd. Ro'n i wedi hala llythyre a chwestiyne at sawl digrifwr. Yr unig un atebodd o'dd Ryan Davies. Ro'n i wrth fy modd, ac yn teimlo'n freintiedig iawn bod Ryan wedi mynd i'r drafferth i ateb, ac wedi teipo ateb i nghwestiyne i, ac ynte erio'd wedi cwrdd â fi. Gofynnes bum cwestiwn iddo fe, ond rhoiodd e fil o eirie yn ateb i fi, a dau lun! Dwi'n cofio gobeithio y bydden i mor broffesiynol ac mor ymroddgar â fe. Ces ymateb da i'r traethawd hir, a dod yn drydydd yn y dosbarth. Ac ar ddiwedd fy nghyfnod yno, derbynies ddiploma o'r Coleg Cerdd a Drama.

* * *

Pan symudes i gynta i Gaerdydd, yn 1972, ro'n i'n byw mewn fflat yn Palace Road, Llandaf, 'da tair merch arall. Ro'dd un o'r merched yn hen ffrind ysgol – Sian Rowlands (Thomas ar ôl priodi), chwaer Mair Rowlands yr actores, a'r ddwy arall yn athrawon trefnus iawn. Arhoses i yno am ryw flwyddyn, cyn symud i fflat yn Newport Road ac yna i Brunswick Street. Ro'n i'n byw 'da Steve a chwpwl arall. Priododd y cwpwl arall, ond cwerylodd Steve a finne tu fas i'w tŷ nhw'r noson cyn y briodas – wedi meddwi wrth gwrs!

Pan ddaeth perthynas Steve a fi i ben yn derfynol, ro'n i'n drist iawn. Steve, fel wedes i, o'dd fy nghariad 'go iawn' cynta i, ac ro'n i'n meddwl mod i wedi cwrdd â fy *Mr Right*. Mi chwalodd popeth ar ôl fy mharti pen blwydd yn un ar hugen oed yn y Castle Bar ar waelod Gwesty'r Angel. Mi nath Steve ffafr â fi mewn ffordd ryfedd; ro'dd hi'n ddechre ar gyfnod newydd yn fy mywyd i, cyfnod o fod yn actores broffesiynol, ac ro'dd gen i bellach lwybr clir i ymdopi â'r llwyth o waith o'dd i ddod ar fy mhlât.

Weles i Steve tua deng mlynedd yn ôl, yng ngwesty'r Copthorne, Caerdydd, a finne ar y pryd yn eistedd yn cael coffi 'da Shân Cothi. Daeth e draw i siarad â ni. 'We were very good friends in college!' medde fi, gan feddwl mod i'n gweud y peth iawn. 'Oh, we were *more* than just good friends!' medde fe. Dwi ddim yn un sy'n cochi'n amal, ond do'dd dim lot 'da fi i weud ar ôl hwnna!

Dyddie cynnar actio

Mi gafodd Ruth Price, Pennaeth Adloniant Ysgafn y BBC, ddylanwad mawr arna i, a dwi'n dal i'w hystyried hi'n fentor i mi. Hi roddodd y cyfle cynta i mi ganu mewn sioe, a hynny yn *Melltith ar y Nyth*, o waith Endaf Emlyn a Hywel Gwynfryn, yn 1975. Hon o'dd yr opera roc Gymraeg gynta ar gyfer y teledu.

Bu raid i fi fynd am glyweliad o fla'n Jack Williams, Rhydderch Jones a Ruth Price. Ro'dd y clyweliad yma'n un pwysig i fi, a rhaid diolch yn rhannol i Shirley Bassey am fy helpu i gael y rhan! Ro'n i wedi mynd â gitâr 'da fi i'r clyweliad, ac wedi paratoi cân fach bert i'w chanu, ond gofynnodd Ruth Price a o'n i'n gwbod rhywbeth 'da mwy o fynd ynddi. Wedes i taw'r unig beth o'n i'n gwbod o'dd 'Big Spender', Shirley Bassey, a hynny yn Saesneg! 'Wel, 'na fe 'te, allwn ni glywed 'Big Spender'?' 'Iawn,' wedes i, 'ond bydd raid i fi fynd tu fas i'r drws cyn dechre canu, er mwyn i fi gael neud entrans!' Alla i ddim credu mod i wedi awgrymu shwd beth. Ta beth, allan â fi, neud yr entrans a dechre canu – yn belto fe mas, ond yn stopo yn y canol i weud, 'Bydd raid i fi neud sŵn y cyfeiliant hefyd, achos mae e'n rhan bwysig o'r gân'. Rhaid bo fe wedi edrych i'r tri fel un o glyweliade *X Factor*! Biti bo nhw heb ffilmo'r cyfan. Ar ôl i fi gwpla, wedodd Ruth Price, 'Wel, iawn – chi'n gallu neud y ddau, symud a chanu', ac fe ges i ran Branwen.

Ro'dd yr holl beth yn brofiad gwych – cael mynd i

Lundain i stiwdio fawr i recordio. Rhydderch Jones o'dd y cyfarwyddwr, a Dafydd Hywel, Dewi Morris a Robin Griffith o'dd yr actorion er'ill. Geson ni sbort hefyd. I ddechre, do'dd Dafydd Hywel 'ddim yn mynd i branso rownd mewn teits!' Dewi, wedyn, yn mynd dros ben llestri 'da'i golur a rhoi lipstig coch ar ei wyneb – anaddas iawn i gymeriad Matholwch, brenin Iwerddon – a mynd at Rhydderch a gweud, 'Ydi ngwyneb i'n iawn?' Rhydderch yn ateb, 'Ydi, iawn' – o'dd 'da fe lawer ar 'i feddwl 'da pethe fel trefnu shots y camera ac ati, ac o'dd e'n ddiamynedd tost 'da Dewi. 'Ond,' wedodd Rhydderch wedyn, 'ma' ishe mwy o liw ar y boche'!

Ma' Dewi mor ddoniol ac yn gwmni gwych ar daith, ond chi'n gwbod beth halodd fi i chwerthin fwya? Cyrra'dd mewn tacsi i'r gwesty yn Llundain, ar ôl siwrne hir ar y trên o Gaerdydd. Dewi'n dod mas o'r tacsi, a rhyw foi yn dod mla'n ato fe a gweud – 'Dewi Pws, achan'! Ro'n i'n ffaelu credu ei fod e wedi cael ei nabod yn Llundain. Ma' Robin Griffith hefyd wedi hala fi i chwerthin nes bo fi'n dost sawl tro dros y blynyddoedd. Ma' fe'n un o'r actorion 'ma sy'n gallu cadw wyneb strêt tra bo chi'n racs, heb ddim rheolaeth o gwbwl ar y ffordd 'ych chi'n ymddwyn.

Ces brofiad gwych pan o'n i'n dechre ar fy ngyrfa. Ro'n i wedi cael gwahoddiad i weithio ar un o ddramâu D. T. Davies – *Ble ma fa?* – ac ro'n i'n actio 'da Islwyn Morris. Bu rhaid i mi gael colur *latex*; ro'ch chi'n gorfod cael paent arbennig ar eich wyneb am orie, ac wrth iddo gael ei sychu 'da peiriant sychu gwallt, ro'dd e'n crinclo i neud i chi edrych yn hen. Ces i eitha sioc pan weles i'n hunan yn y drych ar ôl dwy awr yn y gadair coluro, ond cafodd fy nhad fwy o sioc pan welodd e fi ar y teledu. Cafodd shwd ofn,

ffonodd e fi i weud bo fi'n edrych yn gwmws fel Anti Joan
– honna o'dd yn ymddangos fel ysbryd yn nhŷ Anti
Margaret a Nana Waun! Aeth Dad lan i'r Railway Hotel –
neu Troed y Rhiw, fel ro'dd Dad yn ei alw fe – a gofyn i dad
Alan Lewis o'dd yn rhedeg y dafarn a o'dd e wedi gweld y
ddrama 'da'r hen fenyw a'r ffon. Dwedodd ei fod e, a'i fod
wedi'i mwynhau. 'Ti'n gwbod pwy o'dd y fenyw 'na?'
gofynnodd Dad iddo fe. 'Na,' o'dd yr ateb. 'Gillian, achan!'
'Nefar in Iwrop,' medde fe, 'ro'dd hi'n edrych mor hen!'
Dwi'n meddwl iddyn nhw gael cwpwl o beints i ddathlu'r
noson honno.

Pan ddechreues i yn y byd actio – hynny yw, cyn i fi
ymuno 'da *Pobol y Cwm* – ces i asiant o'dd yn byw yn Sblot
yng Nghaerdydd. Joan Bale o'dd ei henw. Ces i sawl rhan
fach drwyddi hi. Yn un ohonyn nhw, chwaraees i ran merch
o Sbaen mewn drama o'r enw *Y Gwrthwynebwyr*. Dyna pryd
gwrddes i ag Islwyn Morris a Brinley Jenkins am y tro
cynta. Feddylies i erio'd y bydden i'n cydweithio cymaint
'da'r ddau hyn wedyn. Dwi'n cofio Islwyn yn gofyn a fydden
i'n mynd i actio fel proffesiwn, a wedes i mod i'n gobeithio
neud hynny. 'Dishgwl mla'n i weld chi, 'te!' o'dd ei eirie.
Ro'dd Brinley Jenkins yn gefnogol hefyd; ro'dd e'n
mwynhau cael sgwrs fach, ond ynte fel Islwyn yn
gydwybodol iawn yn ei waith. Ro'dd cefnogaeth rhai fel
nhw yn rhoi hwb mawr i mi ar y dechre. Ro'dd Islwyn a
finne'n debyg iawn mewn un ffordd – ro'dd y ddau ohonon
ni'n dueddol o gael pylie o chwerthin afreolus, cr falle mod
i'n waeth nag e!

Ar un achlysur, nethon ni ddrama o'dd wedi'i gosod yng
nghyfnod yr Ail Ryfel Byd, gyda David Lyn yn chware rhan
Hitler, a Charles Williams a Guto Roberts yn chware rhanne

swyddogion byddin yr Almaen. Ro'dd pawb wedi'u gwisgo mewn iwnifform. Ro'n i'n chware rhan y ferch o'dd yn gweini; ro'dd hi'n clustfeinio ar y siarad o'r tu ôl i ddrws. Ro'dd rhaid i fi wisgo peth gwyn fel band o gwmpas fy mhen (fel ro'dd y merched o'dd yn gweini'n neud y dyddie hynny); do'dd hwnna ddim yn help o gwbwl – ro'n i'n edrych fel Benny Hill pan fydde fe'n gwisgo lan fel menyw! Ro'dd un o'r actorion i fod i agor y drws o'n i'n pwyso yn ei erbyn, a finne i fod i gwmpo mewn a gweud, 'Heil Hitler!' Ffaeles i neud e! Ro'n i'n edrych ac yn teimlo'n rhy gomig. Ffordd bynnag ro'n i'n trio, do'dd e jest ddim yn gweithio – a dim ond dau air o'dd 'da fi! Ro'n i jest ffaelu'i neud e heb neud iddo fe swnio'n ddigri. Ges i fe yn y diwedd, ond dim ond jest, a hynny ar ôl amser hir, hir, hysterical!

Dro arall, bues i'n un o'r ecstras yn un o gyfresi Dave Allen. Ro'n ni'n ffilmo ym Mhorth-cawl. Ro'n i'n gorfod deifo mewn i'r môr a nofio i'r cwch yn fy nillad isa! Ro'dd y tair arall o'dd yn y darn yn edrych fel modele, ac yn lot talach na fi. Ro'dd raid i ni i gyd ddringo mewn i'r cwch, lle ro'dd Dave Allen wedi'i wisgo fel ficer! Dwi ddim yn cofio beth yn gwmws o'dd y llinell o'n i fod i weud wrth Dave Allen – rhywbeth tebyg i 'Are you going to the fancy dress as well?' Fues i'n hir yn cael *honna* mas hefyd.

Ymhen hir a hwyr, penderfynes gael asiant yn Llundain. Pan ges i'r cyfweliad, un o'r pethe cynta wedes i wrth yr asiant, Huw Alexander, o asiantaeth International Artists yn Regent Street, o'dd, 'Please don't call me "Blodwen" – and yes, I *can* do Received Pronounciation'. (Acen debyg i acen y teulu brenhinol o'dd honno, wrth gwrs.) Ffeindes i mas ymhen blynyddoedd wedyn bod y bachan o'dd yn arwyddo

fy siecie yn un o brif drefnwyr y Royal Command
Performance – Laurie Mansfield – ond wyddwn i mo hynny
ar y pryd!

Sabrina a fi

Erbyn i mi gyrra'dd dwy ar hugen oed, ro'n i'n chware rhan Sabrina yn *Pobol y Cwm*. Ces glyweliad ar gyfer rhan yn y gyfres sebon arloesol yn y Ganolfan Ddarlledu yn Llandaf. Teitl gweithredol *Pobol y Cwm* cyn iddi ddechre, gyda llaw, o'dd *Pentrefelin*.

Cyn i mi gael y clyweliad yn y BBC, ro'n i wedi cael cyfweliad 'da Ian Watt Smith, o'dd yn gyfarwyddwr artistig y Welsh Theatre Company. Ro'dd dau gyfarwyddwr blaenllaw wedi dangos diddordeb yno' i! Do'n i ddim yn gwbod beth i neud – mynd am y theatr yn yr iaith Saesneg, neu deledu yn yr iaith Gymraeg. Ro'dd cyfarwyddwyr a chynhyrchwyr o bwys wedi bod yn edrych ar ein cynyrchiade ni pan o'n i yn y coleg. Ro'dd Ian Watt Smith wedi cynnig rhan i fi fel *understudy* a rheolwr llwyfan cynorthwyol – dyna o'dd y cam cynta i actor ym myd y theatr bryd hynny. Wedes i mod i am feddwl dros y cynnig cyn neud penderfyniad.

Y diwrnod es i am y clyweliad yna yn y BBC es at y dderbynfa a rhoi fy enw – 'Gillian Thomas' – a dwedwyd wrtha i bo nhw'n aros amdana i ar y trydydd llawr. Lan â fi yn y lifft, ac ar y ffordd lan, weles i Hywel Gwynfryn a Marged Esli o'dd yn cyflwyno *Bilidowcar* ar y pryd. Ro'n i'n lico'r ddau o'r funud weles i nhw – ro'n nhw'n edrych yn llawn sbort a sbri; do'n nhw ddim yn nabod fi bryd hynny, ond ro'n i'n cofio'n iawn gweld Marged yn chware rhan y gath ym mhantomeim *Mawredd Mawr!*

Lan â fi, felly, i'r trydydd llawr i gwrdd â John Hefin. Wrth fynd i mewn i'r ystafell, ces groeso gan ferch hyfryd o annwyl – Beth Price o'dd ei henw hi, cynorthwyydd cynhyrchu – ac mi gynigodd hon ddishgled o de i fi. Ma' dishgled wastad yn neud i fi deimlo'n well! Daeth John Hefin i mewn, a gweud ei fod e wedi mwynhau fy rhan fel 'Grusha' yn y ddrama *The Caucasian Chalk Circle* yn Theatr y Bute, a gofyn i mi ddarllen mas o sgript *Pentrefelin*. 'Ma' 'na dair cymeriad dwi am i ti ystyried – Megan, Nerys a Sabrina,' medde John Hefin, a ngadael i ar fy mhen fy hunan i feddwl dros y cymeriade.

Wrth i fi edrych ar linelle'r tair cymeriad, o'r tair ohonyn nhw ro'dd hi'n berffaith glir i mi pa ran ddylen i gymryd. Gan mod i mor ifanc a chan taw gwaith teledu o'dd hyn, fydde Sabrina'n fy siwtio i'r dim gan mod i bron 'run oedran â hi. Ar lwyfan, gallen i fod wedi chware un o'r tair 'da help colur ac ati, ond ddim mewn opera sebon – mae'r dechneg yn wahanol, a dyw'r camera byth yn gweud celwydd am eich oed. R'ych chi'n bellach oddi wrth eich cynulleidfa ar lwyfan, a fydde dim amser i'r holl goluro ac ati mewn opera sebon, p'run hynnag.

Pan ddaeth John Hefin yn ei ôl, a gofyn pa gymeriad o'n i'n teimlo fwya cyfforddus 'da hi, 'Sabrina' o'dd fy ateb. 'Ie, Sabrina oedd ganddon ni mewn golwg hefyd,' wedodd John. 'Beth – 'ych chi'n cynnig y rhan i fi?' ofynnes i. 'Ydw!' medde fe. Y cyfan allen i weud o'dd, 'Diolch yn fawr iawn' – a bant â fi i drefnu mywyd newydd!

Beth o'n i'n mynd i neud nawr 'te? Dau gynnig – theatr neu deledu – ac, ar ben hynny, ro'dd blwyddyn ar ôl 'da fi yn y coleg yng Nghyncoed, ar y cwrs i gael fy hyfforddi i fod yn athrawes. Do'n i ddim ishe mynd i ddysgu, er mod i'n dechre dangos rhywfaint o botenshial yn y maes hwnnw. Fydde'n rhaid i fi feddwl yn galed, a chael sgwrs hir 'da Dad a Raymond Edwards, y prifathro. Ond na! Do'n i ddim ishe bod yn athrawes – actio o'n i ishe'i neud. Ro'dd y gwylie ha ar ddechre, a finne'n gorfod dod i benderfyniad cyn mynd 'nôl i'r coleg ym mis Medi. Ro'dd *Pobol y Cwm* ar fin dechre ym mis Hydref 1974.

Wel, allwch chi ddychmygu shwd o'n i'n teimlo. Ro'n i'n ffaelu cysgu. Ces lythyr oddi wrth Raymond Edwards, yn gweud wrtha i am beidio cael fy nenu at y gole llachar, ac ati ac ati! Ges i gynnig pedair pennod o *Pobol y Cwm*, a Dad yn gofyn, 'Shwd 'ych chi'n mynd i *fyw* yng Nghaerdydd? Chi'n meddwl fod arian yn tyfu ar goed?' Ro'dd e'n gambl enfawr, ond dwi wastad wedi bod yn un am fentro a chymryd risg. Codes y bore yn dilyn fy mhen blwydd ar Awst y 10fed, a gweud wrth Dad – 'Dwi ishe neud *Pentrefelin*.' Do'dd e ddim yn gwbod beth i weud, ond ro'dd gen i ddigon o ffydd fod popeth yn mynd i fod yn iawn. Dwi'n siŵr mod i, droeon, wedi ymddangos i bobol er'ill yn fyrbwyll wrth neud penderfyniade pwysig yn fy mywyd, ond y gwir amdani yw mod i wedi rhoi llawer o feddwl i mewn i bopeth cyn dod i'r penderfyniad. Ac *wedi* penderfynu, dyna ni wedyn – does dim troi 'nôl.

Cyn bo fi'n dechre ar *Pobol y Cwm*, ro'dd rhaid i fi newid fy enw – ro'dd Gillian Thomas arall ar lyfre undeb Equity. Fy arwres ar y pryd o'dd Liza Minnelli, ac ro'n i wedi dwlu ar gymeriad Eliza Doolittle yn *My Fair Lady* ers dyddie ysgol, felly dries i Gymreigio f'enw canol (Elizabeth) yn Elisa – Eliza heb y 'z'! Weithies i dan yr enw 'Gillian Elisa

Thomas' am sbel, nes bod pobol yn cwyno bo fe'n rhy hir i'w roi ar y *credits*. Dyma setlo yn y diwedd, felly, ar Gillian Elisa.

Ro'dd y diwrnod cynta yn ystafell ymarfer *Pobol y Cwm*, tu cefn i Eglwys Ebeneser yn Charles Street, Caerdydd, yn un o ddyddie mwya cyffrous fy ngyrfa. Ro'n i'n mynd i gwrdd â llawer o 'actorion go iawn' – i gyd ar un go, fel petai! Pobol o'dd y rhain ro'n i wedi bod yn ffan mawr ohonyn nhw ers sbel. Gaynor Morgan Rees yn un – hi o'dd y llais anfarwol yn y cartŵn *Calimero* (hi, fel Calimero, fydde'n gweud 'Does dim blas byw'!) – a merch Twm Twm yn y gyfres *Fo a Fe*. Ro'dd y berthynas rhyngddi hi a 'Dadi' yn debyg iawn i berthynas Dad a finne! Ro'dd Lisabeth Miles yno hefyd – actores wych a hynod o bert, o'dd wedi neud sawl cyfres ar y teledu – ac, wrth gwrs, enwe mawr y byd actio a pherfformio yng Nghymru – Rachel Thomas, Dilys Davies, Islwyn Morris, Dewi Morris, Huw Ceredig, Dafydd Hywel, Harriet Lewis, William Huw Thomas, Charles Williams, Dic Hughes, Dillwyn Owen, Menna Gwyn, Eirlys Britton, Iris Jones, Iona Banks a Gareth Lewis (ddaeth mewn yn ddiweddarach i chwarc rhan Meic). Y mawrion i gyd – ac ro'n i'n mynd i fod yn gweithio 'da nhw! Anghofia i fyth y teimlad yna. Eto, ro'dd hi mor gartrefol yno – fel dod adre bron.

Ro'dd rhywbeth yn yr awyr cyn i unrhyw beth ddechre – ro'ch chi'n gwbod, rywsut, fod y gyfres yma'n mynd i fod yn un gynhyrfus a llwyddiannus. Ond feddylies i erio'd, cofiwch, y bydde'r gyfres – a Sabrina – yn rhan o mywyd i am bymtheg ar hugen o flynyddoedd!

Yng nghanol y cyffro i gyd, ar y diwrnod cynta hwnnw, ro'dd gen i neges bwysig i weud wrth Harriet Lewis. Ro'dd fy Anti Margaret wedi gweud wrtha i i gofio gweud wrthi hi pwy o'n i, achos ro'dd Harriet yn nabod Mam a Dad pan o'n nhw'n caru yn yr Emergency College yn Llandrindod! Ro'dd y diwrnod cynta o ymarfer yn llawn bwrlwm 'da nifer o 'hen stejars' a phobol newydd sbon, a ro'dd 'na deimlad llawn cynnwrf yn yr ystafell. Gweles Harriet yn siarad ffwl pelt 'da rhywun, ac ro'dd hi'n hir iawn cyn iddi gwpla'r sgwrs. Dyma fi'n pwyso mla'n tuag ati – ro'dd hi'n eistedd rhyw dair sedd i ffwrdd. 'Miss Lewis?' 'Ie, bach?' 'Chi'n nabod Mami a Dadi a fy modryb, wy'n credu.' 'Ŵ, pwy ydyn nhw, bach? 'John a Nesta, a fy Anti yw Margaret Thomas. 'Nage merch John a Nesta 'ych chi?' 'Ie!' 'Wel, gawn ni sgwrs wedyn, ar ôl y *read through*.'

'*Sgwrs*' wedodd hi?! Ro'dd e fel 'sen i wedi darganfod modryb arall! Glicon ni o'r funud gwrddon ni. Ro'dd y *chemistry* yna o'r cychwyn rhyngddo' i a Miss Lewis (dyna beth o'n i'n ei galw hi bryd hynny, a hithe wedi penderfynu ngalw fi'n 'Sab'; ymhen sbelen wedyn y dechreues i alw Miss Lewis yn 'Mrs Mathias', er taw 'Maggie Post' o'dd hi i bawb arall).

Mae straeon digri ac atgofion lu 'da fi am Harriet. Fydden ni'n dwy'n sgrifennu'n llinelle ar y cownter, ac ar ben pacedi o siwgr – unrhyw le fydde'n gyfleus heb amharu ar yr actio na shots y camera. Dim ond 'da Harriet fydden i'n neud hwnna, ond geson ni'n dala un diwrnod – daeth Charles Williams (fel Harri Parri) mewn i'r siop a dodi ei bapur dyddiol reit ar ben un o linelle Harriet. Wedodd neb ddim byd – do'dd yr un ohonon ni ishe dangos . . . !

O sôn am Charles Williams, pan ddechreues i ar *Pobol y Cwm* fydden i'n ei weld e'n debyg iawn i Dad, o ran golwg *ac* yn ei ffordd, yn enwedig pan fydde'r het am ei ben. Yr unig wahaniaeth o'dd bod fy nhad yn dod o'r de! Ro'dd Mr Williams yn aml yn tynnu nghoes i (o'n i'n ffaelu'i alw fe'n Charles), ac ro'n ni'n dod mla'n i'r dim 'da'n gilydd. Fydde fe'n gofyn shwd o'n i bob dydd yn ddi-ffael. Wedes i wrtho un diwrnod bod fy nhad yn becso'n ofnadw amdana i, oherwydd na orffenes i mo f'ymarfer dysgu. 'Hitia befo,' medde fe, 'mi sgwenna i at dy dad' – a dyna ddigwyddodd. Ro'dd Dad yn ffaelu credu'r peth. Fy nghanmol i nath Mr Williams, a gweud ei bod hi'n bleser fy nghael i o gwmpas y lle. Ro'dd Dad ddigon hapus wedyn. Dyna i chi shwd berson o'dd Charles Williams.

Ond yn ôl at Harriet! Ro'n ni'n dwy fel merched ysgol ambell waith, ac yn ffrindie agos iawn. Ro'dd 'na gyfnod yn y gyfres pan o'dd David Tushingham (Islwyn Morris) yn dod i'r siop yn amal – i gael fflyrto 'da Maggie! Ro'dd y golygfeydd yna'n rhai doniol iawn, a bob tro ro'n i'n dod mewn i'r olygfa, bydde'r ddwy ohonon ni'n chwerthin achos ro'n i fel gwsberen drwy'r amser. Un tro, gwmpes i'n fflat i'r llawr! Ro'dd Harriet yn sgrechen chwerthin, ac ro'dd y fath chwerthiniad ganddi fydde fe'n para am oesoedd yn eich meddwl. Dwi'n dal i allu'i glywed e nawr.

Un tro, ro'dd y bennod yn dechre 'da golygfa yn y siop, a Huw Thomas o'dd yn cyfarwyddo. (Mae e'n actor gwych ac yn ddynwaredwr da iawn – yn gallu dynwared pobol fel Groucho Marx yn arbennig o dda – ac yn ddyn doniol iawn hefyd.) Ro'n i'n barod i recordio'r olygfa yn y siop, ac ro'dd Robert Dilwyn, fy mab yn y gyfres, yn fabi bach, ac ro'dd rhaid i fi ei gario fe mewn i'r siop. 'Os bydd e'n llefen, cariwch mla'n,' medde Huw, a dyna beth o'n i'n mynd i neud. Wedodd Harriet – 'P'ach â becso, dwi'n gwbod hwiangerdd neiff hala fe i gysgu!' Ro'dd siôl wedi'i lapio yn y ffordd Gymreig yn digwydd bod am Harriet hefyd, a hi o'dd yn mynd i achub yr olygfa pe bydde'r babi'n llefen. Ddechreuon ni ffilmo – a do, dechreuodd y babi sgrechen – yn uchel uchel! Do'dd dim stop arno fe, ac ro'dd pawb yn dechre danto nes i Harriet achub y dydd, a cheson ni foment fythgofiadwy. Afaelodd Harriet yn y babi, a dechre canu:

> Nani Ni 'da *two pound ten*
> Aeth i lan i Ffair Alltwen;
> Daeth yn ôl 'da ceffyl pren,
> *Ooooh*, Nani Ni.

Aeth yr olygfa mla'n am saith munud – dim ond rhyw ddwy funud a hanner o'dd hi i fod! Ma' Huw Thomas a finne'n dal i siarad am yr olygfa honno. Dwi wedi gweld tâp o'r *out-take* – ma' Huw wedi cadw'r foment ar fideo.

Ro'dd hi'n ddiwrnod mawr pan briododd Maggie Post a David Tushingham. Sabrina o'dd yn rhoi Mrs Mathias bant, a phan gerddodd y ddwy ohonon ni lawr y capel, ro'dd Harriet yn edrych yn bictiwr, a finne mewn siwt lwyd smart a het lwyd i fatsho, a honno'n edrych fel *flying saucer* ar fy mhen. Aeth y ffilmo'n wych yn y bore. Fel arfer, 'yn ni'n ffilmo pethe mas o drefn, er mwyn cael neud y golygfeydd mewnol i gyd gynta ac wedyn y gwaith tu fas. Ond mewn achos o briodas, bydde hynny'n golygu ffilmo pawb yn cyrra'dd y briodas a phawb yn gadael y briodas bron ar yr un pryd! Mae'n gallu bod yn anodd weithie, yn enwedig wrth ofalu am y dilyniant – y *continuity* – cofio'n gwmws beth nethoch chi tu fewn, a neud yn siŵr bod y dillad a'ch pryd a'ch gwedd yn gwmws 'run peth â'r gyfer y ffilmo tu fas.

Ta beth, yn yr achos hwn, ro'dd het Harriet wedi cael ei gosod ar ei phen yn y bore. Erbyn canol dydd, ro'dd yr het wedi dod bant i Harriet gael hoe fach amser cinio. Ro'n ni wedi gadael yr olygfa ar ei hanner cyn cinio, a dechre'r pnawn ro'dd rhaid rhoi'r het 'nôl ar ei phen – yn gwmws fel ro'dd hi yn y bore. Roddodd merch y gwisgoedd het Harriet ar ei phen, a dyma sgrech gan Harriet: 'O, bach – no, no! The other way round!' Driodd y ferch egluro iddi am y *continuity* o'r bore – ro'dd rhaid gwisgo'r het yn gwmws fel ro'dd hi yn y bore. 'But that's back to front!' medde hi. Fi cafodd hi gan Harriet. Troiodd ata i a gweud, 'Pam 'sech chi wedi gweud rhywbeth, ferch, bod yr het ffordd rong!?' Y gwir amdani o'dd bod dim syniad 'da fi – ro'dd yr het yn edrych 'run peth o'r cefn a'r bla'n!

Ro'dd cael lifft yn y car 'da Harriet yn gallu bod yn brofiad brawychus. Y peth cynta fydde hi'n neud cyn mynd mewn i'r car o'dd newid i *overall*, yna newid ei sgidie i sgidie fflat, rhoi cwpwl o gwshins tu ôl iddi yn y sedd, ac yna ro'dd hi'n barod am unrhyw beth! Ro'dd hi'n gyrru car Saab, clamp o un mawr. Un tro, ro'dd y ddwy ohonon ni yn y car, yn dod mas o adeilad y BBC i fynd i barti *Pobol y Cwm*. Er mwyn cyrra'dd y parti, ro'dd rhaid gyrru trwy'r dre. Wrth i ni ddod mas i'r hewl fawr, weles i lorri fawr yn dod tuag aton ni. 'Watshwch mas – ma' lorri'n dod!' wedes i. 'P'ach â neud sylw ohono fe!' medde hithe. *'Dim neud sylw ohono fe?'* medde fi, yn chwerthin yn nerfus. Ddaethon ni drwyddi rywsut. Ond un fel'na o'dd Harriet – eitha cŵl am bopeth. Bob tro bydden ni'n gwahanu, fydden i wastad yn gweud, 'Shgwlwch ar ôl eich hunan, nawr.' 'Na wna i,' fydde hi'n ateb, 'dwi'n mynd i dowlu'n hunan dan y bws cynta wela i!'

Dwi'n ei cholli hi'n fawr iawn; geson ni lot o sbri 'da'n gilydd, ar y sgrin a bant o'r sgrin. Ro'dd Gwenlyn Parry yn ei chael hi'n anodd credu bo ni'n ymateb mor dda i'n gilydd. Roddodd e lifft i Harriet a finne i Aberystwyth un tro i neud rhywbeth 'da'r Urdd, ac fe siaradon ni'r holl ffordd lan fel Mrs Mathias a Sabrina. Dwi'n siŵr cafodd Gwenlyn fwy nag un syniad ar gyfer sgript ar y siwrne honno i Aber!

Ar y dechre, ro'n ni'n recordio *Pobol y Cwm* bob nos Wener o saith o'r gloch mla'n. Ymarfer drwy'r wythnos, yna un diwrnod o ymarfer o fla'n y camera, ac yna recordio. Ro'dd y broses yn llawer arafach nag y mae heddi, 'da rhaglen sy'n cael ei darlledu bob nos.

Ro'dd e'n brofiad rhyfedd cael fy nabod ar y stryd am y tro cynta. Pan es i'n broffesiynol ro'n i wrth fy modd 'da hynny, ond sylweddoles yn glou iawn hefyd bod rhaid cymryd y drwg gyda'r da. Ro'dd pobol yn rhoi eu barn ichi hefyd, rhai'n canmol, a'r lleill yn gweud, ''Ych chi lot llai o ferch yn y cnawd!' Ro'dd hyn yn eitha anodd i'w gymryd, yn enwedig a finne ond yn fy ugeinie cynnar. Ma' teledu yn gallu ychwanegu cymaint â deg pwys i'ch pwyse chi – os 'ych chi'n dene, r'ych chi'n edrych yn normal ar y sgrin, ond os 'ych chi damaid bach dros eich pwyse, wel 'ych chi jest yn edrych yn dew! Ma' hyn wedi bod yn fantais ac yn anfantais i mi trwy fy ngyrfa. Dwi'n teimlo weithie bod fy nghorff i fel *plasticine* – alla i ei fowldio i unrhyw siâp dwi mo'yn, sy'n wych i actor ond yn uffern i'ch bywyd personol!

Marian Jenkins o'dd yng ngofal y cytundebe yn y BBC yn ystod y saithdege, ac fe ofynnodd i mi ar ôl rhyw flwyddyn a fydden i mo'yn bod ar gytundeb 'da'r BBC. Ro'dd rhaid i mi feddwl yn galed am hyn, ond mi benderfynes y bydde'n well i mi 'sen i ddim yn derbyn y cynnig, rhag ofn i mi gael cynnig gwaith theatr. Fel arfer, y theatr yw'r ffordd ore i ddechre'ch gyrfa fel actor, a wedyn neud gwaith teledu. Ffordd arall rownd fuodd hi 'da fi!

Dim ond un wers yr wythnos o'ch chi'n cael yn yr iaith Gymraeg yn y Coleg Cerdd a Drama. Pan adawes i'r coleg, dim ond hyfforddiant llwyfan yn yr iaith Saesneg o'n i wedi'i gael, a feddylies i fyth bryd hynny bydden i'n gweithio'n broffesiynol yn y byd teledu trwy gyfrwng y Gymraeg yn ogystal â'r Saesneg.

Daeth y cyfle i actio mewn nifer o gyfresi amrywiol – rhai fel *Hawkmoor, Taff Acre, Annwyl Angharad* (gyda Nia Caron yn chware'r brif ran), *Daniel Turner, yntê?, Tan Tro Nesa, Dinas, Minafon, Glan Hafren, Does Unman yn Debyg* (gydag Ian Saynor), *Lawr â Nhw, Lleia'n y byd, Dihirod Dyfed, Mortimer's Law, Forever Green, Boio* a *Belonging*.

Er i mi fod yn ffodus iawn i gael rhan yn *Pobol y Cwm* am ddeg mlynedd – rhwng 1974 ac 1984 – ro'dd rhaid profi gwaith arall, a dyna beth wnes i am bymtheg mlynedd.

Es i 'nôl i *Pobol y Cwm* yn y flwyddyn 2000, 'da Dafydd Hywel (Jac Daniels, fy ngŵr cynta yn y gyfres), a dwi wedi bod yno – fwy neu lai – byth ers hynny. Daeth fy nghytundeb i ben ddechre Rhagfyr 2006, ond es 'nôl am ryw fis rhwng Ebrill 2007 a mis Mai 2007. Dyw Sabrina ddim wedi diflannu'n llwyr eto, ond dwi ddim yn gwbod beth yn union ydi cynllunie'r cynhyrchwyr ar gyfer y cymeriad. Heb os, mae hyn yn neud y gwaith yn fwy diddorol; daeth Sabrina 'nôl i'r cwm, a gweud ei bod hi am ddechre bywyd newydd trwy fynd i'r coleg i'w pharatoi i fynd i'r weinidogaeth. Yn ddiddorol iawn, mae wedi newid ei henw 'nôl i Sabrina Harries! Beth sydd o'i bla'n hi, tybed?

Wedi'r cwbwl, mae Dai, ei chyn-ŵr, 'da Diane nawr. Ond gwyliwch y gofod 'ma!

O sôn am Diane, dyna fy hoff gymeriad i yn *Pobol y Cwm*. Mae Victoria Plucknett, sy'n chware'r rhan, wedi cael hwyl ar y cymeriad – ond rhaid gweud bod Victoria'n neisach menyw o lawer na Diane.

*Priodas Tad-cu a Nana
'Ammanford' – Mesach ac Elizabeth
Jones – yn 1914.*

Mami yn yr ATS yn 1944.

*Dad wrth ei deipiadur yn yr
RAMC.*

*Fy rhieni ar ddydd eu priodas –
Awst 21, 1948.*

Anti Margaret yn edrych yn glamorous *iawn.*

Y llun o Mami sydd wrth ochr fy nghyfrifiadur bob amser.

Alun a finne – Robin Hood a Calamity Jane! Nadolig 1957.

Fi yn 1957. Y gardigan o waith Mami!

Fy rhieni, Alun a finne wrth y garafán yng Ngheinewydd.

Gyda mwnci ar y prom ym Mhorth cawl. Ro'n ni'n dwlu ar ein gilydd.

Alun yn edrych yn academaidd; fi'n poeni mwy am edrych fel Twiggy.

Fi gyda Tad-cu a Nana Waun – David ac Elizabeth (Bessie'r Cae) Thomas – yn 1964.

O'r chwith: Llinos Jones, Tricia Jones a fi yn Siang-di-fang, *fy nghynhyrchiad cynta yn yr ysgol fawr. (Bues i lan drwy'r nos yn neud yr hetie a'r* bows *mas o bapur* crepe!)

Mr Aneurin Jones, y Prifathro, gyda thîm pêl-rwyd yr ysgol – fi'n trio efelychu steil gwallt Miss Zena Shattock (tu ôl i mi).

Cynhyrchiad Yr Enfys *yn yr ysgol, 1971. Fi ar y chwith eithaf yn y cefn; Enfys, fy ffrind, ar y dde eithaf yn y blaen; Gareth Jones (athro Saesneg) yn dal y sgript; Elgan Davies (athro Ffiseg) yn bedwerydd o'r dde yn y drydedd res.*

Un o'r College Balls yn Llanbed. Pam yn y canol, fi ar y dde; Brian yn drydydd o'r dde, a Bryn ar y chwith eithaf – y cariadon!

*Un o'r llunie
cyhoeddusrwydd cynta.*

*Dad a fi ar noson goroni y
'Royal British Legion' yn 1971.
Dad yn browd, finne'n swil am
unwaith!*

The Caucasian Chalk Circle *(Brecht)* – *Caroline Axworthy
(gyda'r bwced), a Rhodri John yn dweud, 'Scrub my back!'*

Gyda Gareth Lewis yn y rhaglen blant, Pili Pala.

Y llun hysbysebu cynta a dynnwyd o ferched Pobol y Cwm. *O'r chwith: Betsan Roberts, fi, Lisabeth Miles, Menna Gwyn a Gaynor Morgan Rees.*

Ar set Pobol y Cwm *yn y 70au cynnar: Harriet Lewis, Glan Davies a fi.*

Yn Melltith ar y Nyth *(1975) – yr opera roc Gymraeg gynta i gael ei chyfansoddi'n arbennig ar gyfer y teledu.*

Gyda Martin Griffiths, Terry Dyddgen Jones a Robin Griffith yn Bobol Bach.

*Grŵp pop Graffia. O'r chwith i'r dde: Keith Trodden, Roger Bishop, fi,
Rod Knipping a Mel Burgum.*

Gyda Harry Worth yn Jack and the Beanstalk *yn Theatr y Civic,
Barnsley, yn yr 80au cynnar.*

Yn Gwenith Gwyn/White Wheat *gan Rhisiart Arwel. Bryn Fôn a finne'n dangos ein dannedd neis!*

Rhaglen Ar Glawr (Ble ma' fa? – *D. T. Davies). Yn ôl Dad, ro'n i 'run sbit ag Anti Joan!*

Heyday in the Blood*: o'r chwith: Michael Povey, fi, Dyfed Thomas a Donald Houston.*

Fel Marged yn Toili Parcmelyn *yn 1989.*

Agor siop Cascade yn Llanbed: fi, Emrys Davies a Mrs Davies (mam Emrys), gyda'r Maer a'r Faeres, Hefin a Margaret Evans.

Ifan Gruffydd a fi fel Hywel a Blodwen ar raglen Noson Lawen. *(Ro'dd y galon yn un go iawn!)*

Siarabang: *Robin Jones, fi, Siân Thomas, Gari Williams, Glenda Clwyd – ac eraill!*

*Geraint Griffiths a finne'n canu
'Atlanta'.*

Codi Pais – *o'r chwith i'r dde: fi,
Sue Roderick, Eirlys Parry a
Siw Hughes.*

*Gyda Philip Madoc a Geraint Lewis
yn* Yr Heliwr/A Mind to Kill.

Cyflwyno Siôn a Siân
gyda Ieuan Rhys.

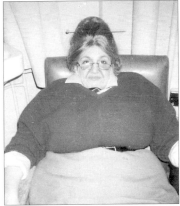

Fel Miss Trunchbull yn Matilda
*gan Roald Dahl – 'fel cròs rhwng
Caligula a'r Hunchback of Notre
Dame,' yn ôl Dad!*

*Mrs OTT ifanc(!) gyda 'Lorna
Doom' (Lisa Palfrey).*

*Mrs OTT wedi dod mla'n yn y byd! Ar y Royal Mile yn ystod
Gŵyl Caeredin.*

*Gyda Idris Charles,
cyflwynydd* Stumiau.
Capten un o'r tîme o'n i.

*Chware rygbi i Blant mewn Angen –
tîm 'Merched y Cyfrynge'! Y cawr, Ray
Gravell, yn un o'r hyfforddwyr.*

*Newydd fod yn canu 'Baby,
it's cold outside' ar raglen
Chris Needs.*

Yn nathliad '30' Pobol y
Cwm, *gyda Buddug Williams.*

Canu fel gwestai ar raglen Caryl.

Mick a finne.

Gyda 'JJ' ac Eibhlis, plant Mick.

Anti Lyn a fi ar ei phen blwydd yn
90 oed, Rhagfyr 2005.
Dyma'r gadair enillodd Dad-cu
yn Eisteddfod Rhydaman, 1923.

Ma' sgrifennu hunangofiant yn
waith caled ...

Fi a'r teulu!

Ma' amrywiaeth yn beth braf

Daeth cyfle arall yn 1977 i weithio 'da Robin Griffith, mewn rhaglen o'r enw *Bobol Bach* – 'da Terry Dyddgen Jones yn chware rhan fy mrawd; Robin o'dd y Barwn Coch, Martin Griffiths o'dd Seimon, a Terry a fi'n ein chware ni'n hunen fel Terry a Gill bach-bach!

Ro'dd effaith arbennig a elwir yn CSO *(Colour Separation Overlay)* yn cael ei ddefnyddio i'r rhaglen hon. Ro'dd rhaid i ni actio o fla'n y sgrin lliw glas yma, i'n shrinco ni i neud i ni edrych fel Tom Thumbs bach. Dyna pam taw *Bobol Bach* o'dd enw'r gyfres! Ro'n nhw'n gallu rhoi *close-up* o focs matsys, er enghraifft, ar y sgrin las, ac yna wrth osod Terry a fi o fla'n y sgrin, fyddech chi'n gallu gweld yr effaith yn syth.

Allan Cook o'dd yn cyfarwyddo *Bobol Bach*. Aeth e'n grac 'da ni un diwrnod. Ro'n ni'n cael gwestai arbennig i mewn bob wythnos, a'r wythnos arbennig yma, Cefin Roberts o'dd y gwestai. Ro'dd e'n chware rhan un o efeilliaid Harri'r 8fed, ac ro'dd marc y feillionen ar ei goes dde i brofi hynny! Ro'dd e'n gorfod neidio mas o babell, fel ffŵl gwyllt, a gweud, 'Peidiwch â'm lladd i: fi 'di un o efeilliaid Harri'r 8fed. Sbïwch, ma' gen i farc fan hyn – marc y feillionen.' Yna bydde fe'n codi'i wisg i ddangos y marc ar ei goes. Dwi ddim yn gwbod beth o'dd wedi'n ticlo ni'r diwrnod yma, ond dwi'n credu taw dangos y goes nath hi – ethon ni i gyd i bishys, yn rhacs jibidêrs. Daeth Allan Cook lawr o'r galeri i'r stiwdio, yn gweiddi arnon ni i gyd, ac yn gweud bo ni'n hollol amhroffesiynol a bo ni'n wasto amser pawb, ac ati ac ati. 'A chi, Gillian – chi fel rhyw Cheshire Cat yn y gornel 'na.' Es i'n waeth *wedyn*, 'te! Bu'n rhaid i mi weithio'n galed, galed iawn i stopo'n hunan rhag chwerthin fel plentyn chwech oed! Fflôntiodd Robin â'i glogyn Barwn Coch 'nôl i gefn y stiwdio, gan weud rhywbeth fel, 'This is *ridiculous*!' – a Martin Griffiths yn rhedeg tu ôl iddo fe â'i goese bach, ac yn ei wisg Sgowts, yn gweiddi, *'Ooh . . ! Ooh . . !'* Aeth Cefin i gwato yn ei babell, o'dd yn gadael neb ond Terry a finne ar lawr y stiwdio a'r camerâu'n dal arnon ni, yn gweld pob symudiad. Dwi'n dal ddim yn gwbod shwd ddethon ni i ben â neud yr olygfa heb chwerthin.

Dro arall, yn yr un gyfres, Harriet Lewis o'dd y gwestai arbennig, Dwi'n cofio fi'n gorfod rhoi *cue* iddi hi ddod mas drwy'r drws, achos ro'dd y rheolwr llawr yn ffaelu'i gweld hi (ro'n i'n gallu gweld Harriet yn glir, yn ogystal â mod i'n gallu gweld y rheolwr llawr). Wedes i wrth Harriet y bydden i'n rhoi *cue* iddi. Ddechreuon ni baratoi ar gyfer recordio. Roddodd y rheolwr llawr y *cue* i fi i roi *cue* i Harriet. Dyma Harriet yn wafo'n ôl arna i! Yn y diwedd, ddaeth hi mas drwy'r drws a gofyn, 'Beth sy'n bod, bach?' 'Na, na, 'sdim byd yn bod,' wedes i – 'fi sy'n rhoi'r *cue* i chi!' 'O, 'ych chi, bach?' medde Harriet. Yn y diwedd, gorfod i ni neud yr olygfa heb unrhyw *cue* o gwbwl!

Aeth Terry Dyddgen Jones ymla'n i gynhyrchu a chyfarwyddo *Pobol y Cwm*, ac i gyfarwyddo *Coronation Street*. Terry ofynnodd i fi fynd 'nôl i *Pobol y Cwm* yn y flwyddyn 2000; mae e hefyd yn un o'r lleisie cefndir ar y gân 'Cymer Di' ar fy CD cynta – *Rhywbeth yn y Glas*. Dwi hefyd wedi gweithio 'da'i wraig e, Judith Jones, sy wedi bod yn gyfrifol am wisgoedd nifer o raglenni teledu dwi wedi gweithio arnyn nhw. Ma' Judith wedi edrych ar f'ôl i ar *Noson Lawen* ers blynyddoedd hefyd. Ma'n rhyfedd fel ma' cysylltiad rhwng nifer o bobol sy wedi bod yn rhan o mywyd i â'i gilydd – dwi'n dechre stori am un, ac yn cwpla lan yn sôn am bob math o bobol!

Ma' Terry a Judith wedi chware rhan flaenllaw yn fy ngyrfa i, a phan wnes i raglen fyw o Theatr y Lyric yng Nghaerfyrddin yn 1995 – *Gillian Elisa a'i Ffrindiau* – Terry o'dd yn cyfarwyddo, Judith o'dd yn gyfrifol am y gwisgoedd, a Meinir Jones-Lewis, fy hen ffrind o Lanbed, nath y colur.

Ro'dd *Bobol Bach* yn lot, lot o sbort, ac fe weithion ni 'da sawl actor profiadol. Dwi wrth fy modd yn gweithio 'da Robin Griffith; mae ei gyfeillgarwch hefyd yn ddiddiwedd. Ac er ei fod e'n gwbod yn dda am yr ochor ddwys i nghymeriad i, ma' fe wedi f'annog i i fentro neud rhagor o gomedi.

Ma' Robin wedi llwyddo i nghael i i chwerthin nes bo fi'n ffaelu siarad laweroedd o weithie, a dyna ddigwyddodd ar yr achlysur yma. Ro'n ni'n neud y ffilm o'r enw *Ar Lan y Môr*. Dennis Pritchard Jones o'dd yn cyfarwyddo, a benderfynon ni nad o'n i'n cael gwbod beth o'dd yn digwydd i nghymeriad i ar y diwedd, rhag ofn iddo fe effeithio ar y ffordd o'n i'n chware'r rhan! Ro'n ni'n ffilmo yn y Frenchman Hotel yn Abergwaun, ac ro'dd rhaid i ni stopo'r ffilmo achos daeth criw o Americanwyr allan o fws, a neud lot o sŵn a gweiddi pethe fel, 'Hey, they're making a movie here' ac ati, o'dd yn dipyn o niwsans.

Pan glywodd Robin hyn i gyd, fe guddiodd e tu ôl i goeden, gan fy ngadael i, a dim ond y fi, i wynebu nhw i gyd. Ro'dd e fel 'se fe'n *gwbod* beth o'dd yn mynd i ddigwydd nesa! Welon nhw fi, yn sefyll ar 'y mhen fy hun, ond welon nhw mo'r criw ffilmo'r ochr draw i'r hewl. Rhaid mod i'n edrych fel 'sen i bia'r lle! Gofynnodd yr Americanwr, 'Are you making a movie here?' 'Yes,' wedes i, fel merch ysgol, ond yn barod i fosto mas i chwerthin fel menyw hurt, gan wbod yn iawn bod Robin tu ôl i'r goeden yn marw ishe chwerthin hefyd. 'And the *name* of the movie?' Oedes am chydig eiliade, yn trio meddwl am gyfieithiad. 'By the seaside,' wedes i. Wel, ro'dd e'n swno mor ddigri yn Saesneg, ac erbyn hyn ro'dd fy llais i'n mynd yn feinach ac yn feinach. 'And who's starring in this movie?' *'Me!'* wedes i'n wichlyd. 'Gee, you're a movie star – and what's your name?' Mewn llais main, main, croten fach, wedes i, *'Gillian'*. Duw a ŵyr pam na wedes i f'enw'n deidi ac yn aeddfed. Ro'dd Robin, wrth gwrs, yn stwffo rhywbeth i'w geg erbyn hyn y tu ôl i'r goeden.

* * *

Ma' Gareth Lewis yn actor y ma' gan nifer fawr o actorion Cymru barch mawr tuag ato. Dwi wedi bod yn lwcus i gydweithio 'da fe droeon. Y tro cynta o'dd mewn rhaglen o'r enw *Pili Pala*. Brynmor Williams o'dd y cynhyrchydd, ac Allan Cook gyfarwyddodd y mwyafrif o'r rhaglenni yma hefyd. Ro'n i'n amal yn tshecio'r treiglade ar y funud ola – ro'n i'n ansicr iawn o'r rheiny'n amal, o'dd yn rhywbeth rhwystredig iawn i fi. Er enghraifft, pan fydden ni ar fin recordio, a'r rheolwr llawr yn cyfrif '10 – 9 – 8 – 7 – 6', erbyn iddo gyrra'dd y pump, fe fydden i wedi sibrwd yng nghlust Gareth (mewn llais gwrach!) rhyw dreiglad nad o'n i ddim yn siŵr ohono. Iechyd, o'dd amynedd 'da fe. Ro'n i'n teimlo'n saff o ran y treiglade pan o'n i'n gweithio 'da Gareth. Ond ro'n i'n well ar y canu, cofiwch; fan'na, fi fydde'n ei helpu fe, felly ro'dd y cydweithio a'r cydbwysedd rhyngon ni'n grêt. Ceson ni adolygiade da ar ôl *Pili Pala* – yn canmol y cyflwyno a'r treiglade!

* * *

Fel llawer o bobol, bues i'n rhan o grŵp pop yn y saithdege – Graffia. Bechgyn *graphics* y BBC o'n nhw, a Rod Knipping a Mel Burgum o'dd y ddau berswadodd fi i ymuno 'da nhw. Roger Bishop o'dd ar y bas a Keith Trodden ar y drymie ond, os dwi'n cofio'n iawn, y fi awgrymodd bod ishe *frontwoman* arnyn nhw! 'OK,' wedodd Rod, 'we'll give you an audition' – a bu raid i fi fynd draw i Ddinas Powys i dŷ Rod am glyweliad.

Ro'n ni'n creu sŵn eitha unigryw, a nethon ni gig 'da Alan Taylor yn cyflwyno'r noson (fe o'dd yn cyflwyno *Mr and Mrs* ar y teledu ers talwm). Fuon ni wrthi am flwyddyn neu ddwy fel grŵp, a dyma pryd crëwyd 'Cymer Di' (neu '*IOU*', achos yn Saesneg recordion ni hi gynta). Fe recordion ni sengl yn Broadway, Caerdydd, 'da Des Bennet (tad y gantores Fiona Bennet) yn beiriannydd. Daeth Caryl Parry Jones mewn i'n helpu ni i sgrifennu ochr arall y sengl, a chwaraeodd John Peel hi ar y radio. Ro'n i'n mwynhau bod yn ganwr pop!

* * *

O'r diwedd, yn 1980, ces y fraint o weithio 'da Cwmni Theatr Cymru mewn drama gyfnod 'da cerddoriaeth – *Gwenith Gwyn/White Wheat*, gan Rhisiart Arwel. Ro'dd y cyfnod yma'n un hapus a phrysur. Dyma'r tro cynta i mi gwrdd a gweithio 'da Bryn Fôn. Gruff Jones o'dd yn cyfarwyddo, ac mi wnes i fwynhau'r profiad yn fawr iawn. Ro'n ni'n perfformio yn Gymraeg a Saesneg. Ro'n i fel llew mas o gaetsh – heb neud llawer o theatr ers dyddie coleg, ond ro'dd hi'n hen bryd i fi neud. Ro'dd hi'n bleser cydweithio 'da talent newydd hefyd – Dafydd Dafis, Rhys Parry Jones, Janet Aethwy a Carys Llewelyn.

Y tro cynta gwrddes i â nhw, ro'n i'n ymarfer golygfa 'da Marion Fenner, o Gwmllynfell. Ro'n ni'n deall ein gilydd i'r dim. Ro'n ni'n dwy wedi bod wrthi drwy'r bore yn ymarfer yr olygfa yn Saesneg, a nawr ro'dd hi'n amser i neud yr un olygfa yn Gymraeg. A ninne ar fin dechre arni, dyma'r criw newydd 'ma'n dod drwy'r drws am y tro cynta – pedwar ohonyn nhw. Ro'dd y bois yn olygus iawn, ac, wrth gwrs, fe ddechreues i 'showan off'! Y frawddeg Saesneg agoriadol (i fod) gen i o'dd, 'Oh, it's going to be a beautiful summer – I can feel it in my bones!' – ac o'dd rhaid i fi edrych mas drwy'r ffenest wrth weud y llinell. Fe gyflwynodd Gruff, y cyfarwyddwr, ni i gyd, ac yna dyma fe'n gweud wrth Marion a fi am barhau yn Gymraeg. Bant â fi – wedi'n weindo, wrth gwrs – a'r llinell ddaeth mas o ngheg i o'dd, 'O, fydd hi'n haf *da* – dwi'n gallu teimlo fe yn 'y môns!' Bu'n rhaid stopo'r ymarfer, ond mi dorrodd e'r iâ.

Ro'n i'n chware rhan Ann Thomas, y ferch a gwmpodd mewn cariad 'da Wil Hopcyn, awdur 'Bugeilio'r Gwenith Gwyn'. Yn rhyfedd ddigon, do'dd y gân adnabyddus yna ddim yn y ddrama, ac ro'dd nifer ar y pryd yn gofyn pam. Ta waeth. Ro'dd dawns yng nghanol y ddrama – dawns i gyfleu breuddwyd Ann, ac ro'dd rhaid i mi ddanso o amgylch y llwyfan yn fy ngŵn nos. O dan y gŵn nos, ro'n i'n gwisgo *body shaper* lliw croen, 'da *poppers* yn cau rhwng fy nghoese. Ro'dd rhaid i mi ddanso a rhedeg at Rhys Parry

Jones, ac yna fe fydde fe'n codi fi lan i'r awyr. Ro'dd y *lift* yma'n effeithiol dros ben, achos ro'n i ar siâp awyren uwchben Rhys, o'dd yn fy nala fi'n gadarn. Wedyn ro'dd rhaid i mi sleido lawr corff Rhys yn ara ac yn rhywiol, cyn cyrra'dd y llawr. Yn un o'r perfformiade cynta, ddaeth y *poppers* yn rhydd – a finne lan yn yr awyr 'da nghoese ar led. Gellwch ddychmygu shwd o'n i'n teimlo – ie, panic! Sleides i lawr mor glou â gallen i, ac yn trio neud symudiade hollol wahanol. Do'dd dim syniad 'da Rhys beth o'dd wedi digwydd, ond pan bases i ei wyneb 'da dim mwy na rhyw fodfedd rhyngon ni, wedes i'r gair *'poppers!'* wrtho fe, a gweud y geirie yn union fel ro'dd y ferch 'na'n siarad dan ddylanwad y diafol yn y ffilm *The Exorcist*. Do'dd y gair yn golygu dim i Rhys, a bu'n rhaid i fi egluro popeth iddo fe ar ôl y sioe.

Pan gyrhaeddes i Fangor am y tro cynta i neud *Gwenith Gwyn*, mi helpodd Gwen Elis a Wyn Bowen Harries fi mas o drafferth, a chynnig lle i fi aros. Gysges i ar eu soffa nhw'r noson gynta, yna ces i gynnig aros 'da Sian Meredydd a Rolant Jones am gyfnod. Ces i groeso ffantastig yn y gogledd. Ro'dd y noson agoriadol yn gynhyrfus iawn, a'r llc'n orlawn. Yr unig beth o'n i ddim ishe neud ar ôl y perfformiad o'dd mynd at y bar ar ddiwedd y noson, i siarad am y peth 'da'r gynulleidfa – dwi'n dal i ffeindo hyn yn anghyfforddus, achos 'ych chi ddim cweit wedi dod 'nôl atoch eich hun. Daeth Wilbert Lloyd Roberts (y cyfarwyddwr artistig) i siarad 'da fi ar ôl y perfformiad a gofyn a o'n i'n iawn, ac fe wedes i wrtho fe nad o'dd minglo 'da'r gynulleidfa ar ôl y sioe yn dod yn hawdd i fi o gwbwl. Ar y pryd, ro'n i'n berson sensitif iawn; erbyn heddi, dwi wedi hen arfer 'da hyn, ond yn y bôn dwi'n lico jest mynd o'r theatr a gadael popeth, a chael ail-fyw a dadansoddi'r perfformiad mewn lleoliad arall.

Dyna hefyd y tro cynta i mi weithio 'da'r amryddawn Menna Trussler. Ro'dd ei dynwarediad hi o Barbra Streisand yn well na f'un i – ro'n ni'n cael cystadleuaeth mewn partïon! Ro'dd golygfa hir 'da ni'n dwy, ac ro'dd ganddi hi hefyd dueddiad i chwerthin. Ro'dd rhaid canolbwyntio, achos un noson bydden ni'n actio yn Gymraeg, yna'r noson wedyn yn Saesneg. Aeth hi'n rhemp un noson. A ninne'n perfformio yn Gymraeg, beth ddaeth mas 'da Menna ond, 'I hope you'll be calling with Mr Maddox on your *ffordd* home!'

Ro'dd perfformio'r ddrama yn Theatr y Torch, Aberdaugleddau, yn brofiad hynod o gofiadwy – am y rhesyme anghywir! Dwi'n dal ddim yn hollol siŵr hyd heddi beth ddigwyddodd pan arhoson ni mewn gwesty yn Aberdaugleddau ar y noson eithafol o wyllt honno. Ro'dd hi fel bod yn y ffilm *West Side Story*. Dyna'r ffeit fwya dwi erio'd wedi'i. gweld, ac ro'n i yn ei chanol hi. Peryglus, peidiwch â son. Ro'dd y cast a'r cerddorion i gyd yn ymlacio yn y bar yn y gwesty yn Aberdaugleddau (ar y noson cyn i ni berfformio yn Theatr y Torch) ac, yn sydyn, dyma rywun yn dechre ymosod ar un o'r bois. Dwi'n methu'n lan â chofio beth yn union ddigwyddodd, ond fe aeth hi'n rhemp, a dwi'n cofio gweiddi ar y stâr, 'The police are coming now!' ar dop fy llais, i drio stopo pawb, ond do'dd neb yn gwrando. Ro'dd Dilwyn Young Jones (ffrind annwyl arall) yn y cast hefyd, ond ro'dd e wedi diflannu i rywle. Bu raid i fi chwerthin, achos pan dawelodd popeth, daeth Dilwyn mas o'r gegin, lle ro'dd e wedi bod yn cuddio, 'da'r cwpan a soser fwya *dinky* dwi erio'd wedi'u gweld. 'O's rhywun am goffi neu de?' medde fe, fel 'se dim byd wedi digwydd! Ro'n i'n rhannu stafell 'da Menna Trussler, ac mi ro'dd hi'n ei gwely yn ystod yr holl helbul yn y *lounge bar*. Ro'n i'n mynd 'nôl a mla'n i'r stafell i riporto iddi hi, ond do'n i ddim ishe colli mas ar yr *action* chwaith.

Es i i'r gwely'n hwyr iawn y noson honno. Do'dd dim unman 'da Rhys Parry Jones i gysgu ar ôl y ffradach; mewn gwesty arall o'dd e'n aros, ac ro'dd ofn 'da fe fynd mas o'n gwesty ni rhag ofn i un o'r bois lleol ddod ar ei ôl e. Wedes i wrtho fe fod gwely sbâr yn ein stafell ni – ro'dd tri gwely 'na. 'Nôl â fi i'r llofft eto, a gofyn i Menna'n dawel a fydde'n iawn i Rhys gysgu yn y gwely arall. 'Oh no, I don't think so, Gillian!' 'OK,' wedes i – a dyma fi'n tynnu dillad gwely'r trydydd gwely, a'u lapio nhw o nghwmpas i fel *mummy*, a mynd â nhw at Rhys. Gysgodd e tu fas i ddrws ein stafell ni'r noson honno, fel ci bach, ond ma' Menna wedi dynwared y *mummy* yna sawl tro dros y blynyddoedd.

* * *

Y ddrama fwya ysgytwol dwi wedi neud ar lwyfan erio'd o'dd *Y Siaced* gan Urien Wiliam – 'da Dafydd Hywel, Huw Ceredig a Conrad Evans. Islwyn Morris o'dd y cyfarwyddwr. Ro'dd hi'n ddrama gref iawn – drama seicolegol – a fi o'dd yn chware rhan y fam, y ferch, y nyrs a'r wraig – pedair rhan, 'da sawl *quick change*. Ro'dd Dafydd Hywel mewn *straightjacket* drwy'r ddrama. Christine Pritchard awgrymodd fy enw i i Islwyn, a dwi'n ddiolchgar iawn iddi am hynny. Fi o'dd yr unig un o'dd yn dreifo car ar y pryd, felly ro'n i'n dreifo'r bois 'ma rownd y wlad, ac wrth gwrs ro'n nhw wrth eu bodd. Ma' Huw Ceredig yn gwmni da ar daith, achos ma' fe'n gwbod ble i fynd os oes angen mynd am bryd o fwyd. Cafodd y ddrama dderbyniad gwych yn yr Eisteddfod yn Llanbed, a daeth Christine Pritchard â blode i fi ar y llwyfan.

* * *

Ro'n i'n falch iawn i gael fy ystyried am ranne yn Saesneg hefyd. Ces i ran fach mewn drama ddogfen am Dylan Thomas yn 1980. Richard Lewis o'dd yn cyfarwyddo. Mae ei fab, Sion Lewis, yn un o gyfarwyddwyr *Pobol y Cwm*, a'i ferch, Gwenllian Gravelle, yn edrych ar ôl *schedules* y gyfres.

Ges i ran fach arall hefyd yn chware rhan Anita, gwraig William Lloyd George – brawd David Lloyd George, 'da William Huw Thomas yn chware'r rhan honno. Dyma'r ail dro i mi gwrdd a gweithio 'da Philip Madoc. Ro'n i'n synnu at ei ddawn 'da ieithoedd – mae e'n gallu siarad saith iaith. Ro'dd gweithio 'da fe'n brofiad hyfryd. Dwi'n ei gofio fe'n chware rhan aelod o'r lluoedd arfog tramor yn y gyfres *Dad's Army*, a phan chwaraeodd e ran Prif Arolygwr yn *Pobol y Cwm*, ro'n i dipyn yn *star struck*! Dyma'r tro cynta hefyd i mi gwrdd â Sue Jones Davies. Ro'dd fy nghymeriad i'n fodryb i gymeriad Sue – Megan, merch Lloyd George. Er bod Sue yn hŷn na fi, ro'dd hi'n un fach dwt ac yn edrych yn ifanc iawn. Hi ddysgodd fi i fod yn gefnogol tuag at actorion er'ill – cyngor da iawn. Dwi wedi cael y pleser o weithio 'da William Huw Thomas wedyn hefyd – yn *Mwy na Phapur Newydd* a *Forever Green* ('da Pauline Collins a John Alderton).

* * *

Ro'dd gweithio ar ddrama *Heyday in the Blood* 'da Donald Houston yn Sir Drefaldwyn yn un o'r profiade gore erio'd. Ro'n ni'n gweithio 'da'r cyfarwyddwr Huw Davies, ac ro'dd

hi'n haf heulog braf. Ro'dd y sgript yn rhyfedd i mi: yn iaith
Sir Drefaldwyn, yn lle gweud 'Go away!', er enghraifft,
bydden ni'n gorfod gweud, 'Have be!' Donald Houston o'dd
yn chware rhan y tad, a ddes i mla'n 'da fe'n dda iawn, a
gweddill y cast – Meic Povey, Dyfed Thomas, Charles
Williams, Stewart Jones a Glyn Williams (Glyn Pensarn).

Yn *Heyday in the Blood* y dysges i bwysigrwydd dilyniant
(continuity). Yn ôl Huw Davies, Donald Houston o'dd y gore
yn y maes yma – ro'dd e'n arbennig o dda am gofio beth
o'dd e'n neud os o'dd rhaid neud yr un olygfa o ongl arall.
Do'dd e ddim yn rhy hapus pan o'dd Meic a finne'n siarad
Cymraeg 'da'n gilydd ond, ar wahân i hynny, ro'n ni'n dod
mla'n yn grêt. Pan o'dd y ddrama i gael ei darlledu ro'dd
erthygl fawr yn y *TV Times* amdana i, ond ro'dd streic ar y
sianel a bu'n rhaid aros blwyddyn arall cyn i'r ddrama weld
gole ddydd. Erbyn hynny ro'n i wedi colli brwdfrydedd. Pan
ddarlledwyd hi, ro'dd erthygl yn y papur yn gweud fod
Meic Povey yn edrych fel 'a young Ancurin Bevan', a finne'n
edrych fel 'a plump Welsh version of Jane Russell'!

* * *

Dwi wedi gweithio 'da Alan Osborne nifer o weithie. Mae
e'n ddyn dyfeisgar iawn, a dwi'n cofio recordio'r gân
'America and the boy' yn stiwdio Dafydd Pierce, ar gyfer y
ddrama *Bull Rock and Nut* yn Theatr y Sherman, Caerdydd.
Cân am y bocsiwr Johnny Owen ydi hi. Dyna'r tro cynta i
mi weithio 'da Alan. Ar ôl hynny fe wnes i weithdai drama
'da fe ddwywaith, a thaith fer rownd y de 'da'r ddrama
Precious.

Dwi'n cofio un achlysur pan roddodd Alan hwb i fi o ran
fy hunanhyder. Ro'n i'n ei helpu fe mas yn nhafarn

Dempseys mewn noson ro'dd e wedi'i threfnu i dalu teyrnged i actor o'dd wedi marw'n sydyn iawn. Do'n i ddim yn nabod yr actor o gwbwl, ond ro'n i'n canu un llinell rhwng pob eitem i ychwanegu awyrgylch i'r deyrnged. Ro'dd rhyw gomedïwr heb droi lan, ond ro'n i wedi bwriadu mynd ar ôl yr hanner cynta am mod i'n gorfod codi'n gynnar yn y bore i ffilmo. Fel ro'n i'n gadael, gofynnodd Alan i fi lenwi'r bwlch gan fod y noson wedi mynd yn fflat iawn, ac ro'dd angen 'bach o ysgafnder i adlewyrchu personoliaeth yr actor ro'n ni'n talu teyrnged iddo. 'Oh, my God!' wedes i. 'I don't know what to say; I don't know the actor, and his family are here tonight.' 'Exactly!' wedodd e, ac yna wedes i, 'The only thing I can do is just waffle about the fact that I'm filling the gap, and I could possibly do some singing and some observations. Would that be OK?' 'Great,' wedodd e, 'go for it!' Dwi'n dal ddim yn gwbod beth ddaeth drosto fe i ofyn i fi neud shwd beth; ro'dd hi'n sefyllfa sensitif iawn, er y bydde'r actor ei hun wedi lico hyn! Do'dd dim cliw 'da fi beth o'n i am neud, a do'n i ddim yn gwbod a o'n i'n mynd i 'pitcho' fe'n iawn. Ta beth, codes o fla'n y gynulleidfa, a neud rhyw fath o *stand-up*. Dyna beth o'dd e'n llythrennol – *stand up*, meddwl ar fy nhraed, a gorfod sefyll ar fy nhraed fy hun.

* * *

Yn y ffilm *Sticky Wickets*, weithies i 'da'r actor Alun Armstrong. Ro'dd rhaid i mi fod yn y gwely 'da fe! Do'dd neb wedi trafod beth yn gwmws o'dd rhaid i ni neud – arhoses i'r cyfarwyddwr, Dewi Humphreys, benderfynu beth o'dd angen. Daeth diwrnod y ffilmo, a neb wedi trafod yr olygfa yn y gwely. Ro'dd rhaid bod yn aeddfed nawr. Ro'n i'n aros am yr alwad i fynd ar y set, pan wedodd Alun wrth y cyfarwyddwr, 'What about this bed scene?' 'Yes!' medde fi yn hyderus. Gofynnodd y cyfarwyddwr, 'What do you want to do with it?' 'Well, I've got my vest on!' medde Alun – 'and I've got my bra and pants on!' medde fi. 'That's it!' wedodd y cyfarwyddwr – mor syml â 'na. Weithie, mae'n well peidio dadansoddi gormod a gweud dim, neu 'ych chi'n colli'r sbarc! Joies i, a cheson ni hwyl. Fe aeth yr olygfa'n grêt – heb ffws. Yn yr un olygfa, ro'dd Alun yn gorfod codi o'r gwely, ond bu raid stopo'r ffilmo – 'Cut!' – achos ro'dd label Marks and Spencer i'w weld ar waelod ei fest!

* * *

Chwaraees i ran Mrs Davies, gwraig person o'dd yn cael ei actio gan Ifan Huw Dafydd, yn *Snow Spider* i gwmni HTV. Mae ynte'n actor sy'n un grêt i weithio 'da fe; fues i'n wraig iddo fe hefyd yn *Iechyd Da*. Dwi'n cofio cwrdd â Siân Phillips yn yr ymarfer un tro, a ffaelu aros i weud wrthi fod fy nhad-cu i a'i thad hi'n blismyn ar y Waun! Y cwbwl wedes i wrthi o'dd, 'Weles i chi yn y ffilm *Clash of the Titans* n'ithwr!' 'Oh, a very camp ffilm,' wedodd hi. Dwi'n edmygu actorese fel Siân Phillips a Sharon Morgan yn fawr iawn; ma' nhw mor effeithiol wrth neud sioee un fenyw, ac ma' egni arbennig 'da nhw. Ces i'r fraint o gael tynnu fy llun 'da'r ddwy mewn dathliad pan o'dd *Pobol y Cwm* yn ddeg ar hugen oed. Mae gwreiddie'r tair ohonon ni yn y Waun a Garnant!

* * *

Feddylies i fyth y bydden i'n gweithio 'da Harry Worth. Ro'dd f'asiant i ar y pryd wedi rhoi f'enw i i gwmni lan yn Barnsley i fod yn rhan o bantomeim. Ro'n i'n dal yn gweithio 'da Theatr Crwban yn yr haf pan glywes i mod i wedi cael y rhan. Ro'dd Emyr Morgan Evans, cyfarwyddwr Theatr Crwban, yn tynnu nghoes i drwy'r amser, ac yn neud y stumie ro'dd Harry Worth yn enwog amdanyn nhw – fel sefyll wrth ochor ffenest siop a chodi'i fraich a'i goes (wrth edrych ar yr adlewyrchiad, ro'dd y ddwy fraich yn codi a'r ddwy goes yn codi o'r llawr yr un pryd).

Ro'dd *photo shoot* 'da fi yn Barnsley ar gyfer y panto, a do'dd dim clem 'da fi shwd o'dd mynd yna, a do'n i ddim ishe mynd ar fy mhen fy hunan. Felly daeth Emyr ac Eurwyn Williams (sy'n cyfarwyddo *Pobol y Cwm* erbyn hyn) 'da fi. Dyma'r tro cynta i Eurwyn glywed y gân 'The Birdie Song' medde fe! Fel ro'n ni'n cerdded mewn i'r Theatr yn Barnsley, dyna'r gân ro'n nhw'n chware – 'With a little bit o' this and a little bit o' that – durraarumpapam'!

Ro'dd hi'n siwrne hir, ond yn werth y daith i weithio 'da Harry Worth, o'dd wedi bod yn un o'n ffefrynne i ers pan o'n i'n groten fach. Rhan y brif ferch, sef Princess Marigold, o'dd fy rhan i, ac ro'dd rhaid i mi ganu unawd. Penderfynes ganu 'Love is in the air'. Ro'dd y gân yn mynd mor gyflym, ac ro'dd y band yn chware rhythm clou iawn. Ffaeles i ddod mewn ar ddechre'r gân. 'Scrap it!' medde'r cyfarwyddwr casa dwi erio'd wedi gweithio 'da fe. Wedyn ces i ganu cân bert, araf, ar fy mhen fy hunan, cân o'dd wedi'i sgrifennu'n arbennig i mi.

* * *

Ro'dd gweithio 'da Ronnie Barker yn *The Magnificent Evans* fel gweithio 'da perthynas – ewythr 'ych chi'n dwlu arno fe! Ro'dd e'n broffesiynol iawn, ond yn mynnu cael hwyl wrth neud ei waith. Ro'dd e'n neud yn siŵr bod pawb yn hapus o'i gwmpas e. Ddysges i lawer oddi wrtho fe, yn enwedig pan o'n i'n perfformio yn y stiwdio o fla'n cynulleidfa fyw. Os o'dd e'n anghofio ambell linell, o'dd e'n mynd lan at y gynulleidfa a chael sbort 'da nhw wrth drio cofio'r llinell. Neud y gore o bob sefyllfa – gwers dda i berfformiwr byw.

Ro'dd fy rhan i yn y bennod yn eitha dramatig; cafodd yr olygfa ei dangos ar *Telly Addicts,* a dyna pam dwi'n dal i feddwl falle fydden i wedi neud *stuntwoman* dda! Ro'dd rhaid i fi sefyll ar ben pont yn Llangamarch 'da actor arall o'r enw Gareth Armstrong. Ro'n ni'n chware rhan cwpwl o'dd wedi ennill nifer o wobre am ddanso *ballroom* – Denzil a Dorinda o'dd ein henwe ni. Ffotograffydd o'dd Evans (Ronnie Barker), a Sharon Morgan o'dd yn chware rhan ei gynorthwyydd. Ro'dd rhaid i ni (Denzil a Dorinda) fel cwpwl gweryla a dechre gweiddi ar ein gilydd fel ro'dd Evans yn tynnu'n llun. Ro'dd e'n dod mas o dan flanced ddu o'dd tu ôl i'r camera, ac yn gweud 'What the . . ?' Yna'n sydyn, ro'dd Dorinda'n troi at Denzil gan weiddi, 'Oh Denzil, look at my hair, it's 'anging' yn acen y Rhondda! Wrth roi clatshen i Denzil, ro'n i'n gorfod colli malans a chwmpo i'r afon. Y gwir amdani yw taw cwmpo mewn i bentwr o focsys cardfwrdd o'n i go iawn, i arbed i fi gael dolur. Ro'dd rhaid i ferch y gwisgoedd daflu dŵr drosta i wedyn i neud iddo fe edrych fel bo fi wedi cwmpo i'r afon – diolch byth, dŵr twym o'dd e! Ro'n nhw'n ffilmo fi wedyn yn dod mas o'r afon, yn edrych fel drychiolaeth, ac yn sgrechen mas yn uchel, *'Denzil!'* Ro'dd crowd bach neis wedi casglu i wylio'r achlysur. Dwi wrth fy modd yn cwmpo a jocan llewygu.

*　*　*

Ro'dd bod yn rhan o'r sioe gerdd *Celwydd* 'da Theatr Bara Caws yn gynhyrfus iawn i mi hefyd, achos ro'dd pobol fel

Bryn Fôn, Sioned Mair, Bethan Jones, Morfudd Hughes a Richard Elfyn yn perfformio yn hon. Cefin Roberts a Valmai Jones o'dd wedi ysgrifennu'r sgript a'r caneuon, a Geraint Cynan a Catrin Edwards o'dd yn gyfrifol am drefnu'r gerddoriaeth. Dyma un o'r sioee cerdd cynta i mi fod ynddi ers *Melltith ar y Nyth* a *Dewin y Daran*.

Ro'dd ein hymddangosiad cynta ar y llwyfan yn *Celwydd* yn unigryw, achos ro'n ni'n gorfod bownsio o'r *wings* ar drampolîn. Bois bach, ro'dd rhaid bod yn wirioneddol ffit. Cyn mynd ar y llwyfan bob nos ro'n i'n towlu lan yn y tŷ bach, ac ar y noson gynta, golles i'n llais. Es i at y doctor cyn y sioe, ac fe wedodd wrtha i am orffwys am fis! Ro'n ni'n agor y sioe y noson honno! Awgrymodd y doctor y dylen i neud *inhalation* – llanw powlen 'da dŵr berwedig, rhoi llwyaid o Vick ynddo fe, ac eistedd uwch ei ben 'da tywel dros fy mhen. *Glamorous* iawn, ond mi nath y tric. Canes i fel aderyn! Fel gwedan nhw yn Saesneg – 'mind over matter'. Ro'dd *Celwydd* yn sioe ddyfeisgar ac arloesol iawn, a bu'n hynod o lwyddiannus; wnes inne wir fwynhau'r cwmni a'r perfformio. Dyma hefyd pryd canes i'r caneuon 'Tada a Mama' a 'Celwydd' am y tro cynta.

* * *

Yn *Toili Parcmelyn* y gweithies i am y tro cynta 'da Richard Watkins. Ro'n i'n chware rhan merch o'dd yn rhag-weld ei hangladd ei hunan – dyna beth yw 'toili', rhith o angladd. Rhian Morgan o'dd yn chware meistres y tŷ. Ro'dd un olygfa lle ro'dd fy nghymeriad i (Marged) yn edrych mas o'r tŷ – ro'dd y camera tu ôl i mi, ac yn dod yn nes ac yn nes, gan greu'r argraff nad o'dd y diwedd yn bell iddi nawr. Am y tro cynta, awgrymes i syniad i'r cyfarwyddwr. 'I've got an idea, though you may not like it!' wedes i. Ond, chware teg iddo, medde Richard, 'Go on, what is it?' 'Well,' wedes i, 'could we do two versions of this scene, and maybe you can choose in the editing which one works. Is that cheeky of me?' Dyma fe'n chwerthin. Dangoses iddo beth o'dd y syniad – yn lle cael fy nghefn at y camera drwy'r amser yn yr olygfa, beth petawn i'n troi yn ara, ara, nes bo fi'n wynebu'r camera? 'Oh, that's really eerie!' medde fe. Pan aeth Richard ati i olygu, ffonodd e fi i weud bod e wedi cadw'r fersiwn ro'n i wedi awgrymu. Ro'dd hwnna'n deimlad grêt.

Dwi'n gweithio'n reddfol ar gamera, ac yn teimlo pethe'n gryf. Dyw rhai cyfarwyddwyr ddim yn rhy hoff o hyn – hynny yw, bo chi'n awgrymu pethe – ond mae'r rhan fwya'n hoffi'r cydweithio a'r cyfaddawdu. Geson ni barti ar ddiwedd y ffilmo, a dwi'n cofio Rhian yn neud cymeriad Meryl Mort ar y meic. Fu bron iddi beidio â neud, a wedes i wrthi – 'Difaru wnei di!' Dwi'n credu taw dyna un o'r troeon cynta iddi neud y cymeriad, ac ro'dd hi'n ffantastig.

* * *

Enjoies i weithio ar addasiad Manon Rhys o'r *Llyffant* gan Ray Evans, yn haf 1989. Ro'dd y cyfan wedi'i ganoli ar Neuadd Gymuned Llanddewi Brefi, a daeth nifer o'r pentre i weithio fel ecstras yn y gyfres. David Lyn o'dd yn cyfarwyddo, ac fe adawodd e i fi helpu'r plant i siarad yn naturiol yn y ddrama – jobyn bach o'n i wrth fy modd yn neud. Ro'dd y plant – yr actorion ifanc – yn blant i un o'n ffrindie gore i o ddyddie ysgol uwchradd, sef Heather Hopkins. Pan nad o'dd y plant yn actio, ro'dd tiwtor a *chaperone* o'r enw Anne Williams yn edrych ar eu hole, ac yn arbennig o dda 'da nhw. Ddes i'n ffrindie mawr 'da Anne, a rhwng y ddwy ohonon ni, ro'n ni'n gallu cael y gore mas o'r plant – Sian, Beca ac Aled. Alun ap Brinley o'dd yn chware rhan eu tad. Ddaethon ni i gyd yn un teulu mawr yn ystod y ffilmo. Drama gyfnod o'dd hi, wedi'i gosod o gwmpas 1930. Un diwrnod daeth plismon â llythyr i'r tŷ lle ro'n ni'n ffilmo, ac es i i ateb y drws. Do'dd y boi bach ddim yn gwbod beth i weud, gan fod y cast i gyd wedi gwisgo yn nillad y cyfnod. Cafodd e dipyn o sioc ond daeth e, a gweddill y pentre, yn ddigon cyfarwydd â'n cael ni yno'n ffilmo. Ro'dd e'n haf gwych i fi – ro'n i'n gallu aros adre 'da Dad ac Alun yn Llanbed.

* * *

Un tro, ces fy llun ar dudalen fla'n *Y Cymro*, achos ro'n i'n mynd i chware'r brif ran yn *Derfydd Aur/Realms of Gold*, ac yna, efo'r un cwmni, yn neud rhaglen ddogfen o'r enw *La Carrera Panamericana*. Do'n i erio'd wedi hedfan, a dyna dynnodd sylw'r *Cymro*. Ro'dd rhaid i mi ffilmo yn Awstralia, hedfan 'nôl i Gaerdydd am ryw ddeuddydd, ac yna hedfan mas eto i Fecsico. Pan wedes i wrth Dad am hyn, aeth e'n wan i gyd – do'dd e ddim yn hapus o gwbwl 'da'r ffaith mod i'n gorfod hedfan cymaint. Ro'dd cynhyrchydd y ffilm ddwyieithog (o'dd yn mynd i Awstralia) ishe i'r cymeriad fod yn ei thridege, ac ro'dd y cynhyrchydd yr ochr yma yng Nghymru ishe i'r ferch fod yn ei hugeinie; felly, ro'dd pethe'n anghyfforddus braidd. Ar ben hynny, ro'dd rhaid tynnu fy nillad mewn un olygfa, a do'n i ddim yn hapus am hynny chwaith. Ro'n nhw'n credu mod i'n becso gormod! Yn y diwedd, awgrymes i falle bydde hi'n well ailgastio. Oherwydd hynny, fe gastion nhw Beth Robert yn y rhan, ac fe wnaethon nhw'r penderfyniad iawn hefyd. Ro'n i'n gallu ymlacio nawr, a chanolbwyntio ar Fecsico.

Ro'dd y daith i Fecsico'n un gynhyrfus iawn, ac fe ddes i nabod Gwenda Griffiths yn dda. Hi o'dd yn cynhyrchu'r rhaglen, a Richard Pawelko o'dd yn cyfarwyddo. Ras o'dd *La Carrera Panamericana* rhwng hen geir Americanaidd fel Chevrolets a Buicks. Sylweddoles i erio'd fod y ras yma mor beryglus – ro'dd sawl un wedi colli'i fywyd ynddi yn y gorffennol. Driodd Dad ei ore i berswadio fi i beidio mynd! Ro'dd e'n gweud pethe fel, 'Chi'n gwbod eu bod nhw'n "kidnapo" pobol ym Mecsico? Ac mae awyrenne'n gallu crasho, chi'n gwbod.' Grêt, Dad! Ond ro'dd rhaid i fi gymryd y cyfle, ac unwaith o'n i yno fe ffonies i fe, ac mi aeth e'n ecseited i gyd mod i wedi cyrra'dd yno'n saff.

Ro'n ni'n gorfod gyrru drwy'r anialwch, ac mewn ambell i le, oherwydd tywydd garw a llawer o law, ro'dd yr hewl wedi diflannu'n llwyr ac ro'n ni'n gorfod gyrru ar ochor dibyn peryglus iawn. (Wedes i ddim am hyn wrth Dad.) Ro'n ni'n gorfod mynd i'r tŷ bach tu ôl i ambell gactws. Ro'dd Gwenda wedi cael llond bola o'r drefn tŷ bach, a phan ddaethon ni ar draws pentre *shanty* yng nghanol yr anialwch, wedes i wrthi falle gallen ni ddefnyddio'u tŷ bach nhw. 'Cer di i ofyn, 'te,' medde hi, 'ma' fwy o *cheek* 'da ti.'

Gnoces i ar ddrws y *shanty* 'ma, a gofyn i'r fenyw (o'dd â dim Saesneg o gwbwl), 'Have you got a "whoosh whoosh"?' – gan neud stumie fel iâr! 'Si si!' medde hi, a mynd â fi mas i le ro'dd yr ieir yn cael eu cadw. Dim to uwchben, jest ieir ymhobman, ac mi adawodd fi yna. Wel, ro'n i'n despret, felly do'dd dim amdani ond neud nymbyr wan yn y fan a'r lle, gan adel pwdel bach tu ôl i mi. 'Lwyddest ti?' medde Gwenda. 'Cer mewn,' wedes i – *'four star!'* Aeth hi i mewn i'r tŷ, a dod mas yn chwerthin. Nath hi ddim be wnes i, medde hi – ond mi dynnodd lun fy mhwdel bach i!

Ces fy newis i fod yn rhan o dîm o bedair – Siw Hughes, Eirlys Parry, Sue Roderick a finne – i greu sioe adloniant ysgafn ar gyfer S4C, *Codi Pais*. Peter Elias Jones o'dd yn gyfrifol am y dewis, ac ro'n i wrth fy modd. Golles i lawer o bwyse ar gyfer y gyfres 'na, nes bod Sue Roderick a finne'n bwyta dim ond mints! Ro'dd neud y rhaglen yn lot, lot o sbort, a daeth y pedair ohonon ni'n ffrindie da wrth weithio mor agos, a hyd yn oed heddi r'yn ni'n deall ein gilydd i'r dim.

Ro'n i dipyn yn orhyderus ac yn taflu'n hunan mewn i bopeth, tra o'dd y tair arall dipyn mwy cynnil; ro'n nhw'n dda iawn am fy ffrwyno i pan o'dd angen! Er enghraifft, pan o'n ni'n canu cân ac yn edrych fel *showgirls* ac yn codi'n sgertie, allech chi fod yn siŵr y bydden i wedi codi'n sgert tamaid bach yn uwch na'r lleill, nes bo chi'n gweld fy nillad isha! Ro'dd y cyfeillgarwch rhyngon ni'n pedair yn sbeshal, ac fe ddysgon ni lawer oddi wrth ein gilydd.

Ro'n ni i gyd yn joio neud un sgets yn arbennig – 'Merched y Capel'. Ro'dd Sue Roderick yn chware menyw uchel-ael, a finne'n chware menyw o'dd yn hollol i'r gwrthwyneb iddi; Siw Hughes yn chware menyw o'dd yn trio rhoi trefn ar bopeth, ac Eirlys yn chware menyw ddiniwed o'dd 'bach yn ara 'i ffordd, a thamaid ar ei hôl hi. Yn un sgets, ro'dd Eirlys yn chware'r piano, a Sue Roderick a finne i fod i ganu 'Y Mae Afon' fel y cymeriade capel 'ma. P'ach â sôn! Ffaelon ni fynd drwyddi – ro'n ni'n ffaelu mynd ymhellach na'r nodyn cynta. Ro'n ni'n recordio'r sgets yma ar ddiwedd y dydd, a daeth Ronw Prothero – o'dd yn cyfarwyddo – i mewn i'r stiwdio a gweud wrthon ni am fynd adre'n deidi a dod 'nôl y bore wedyn i ganu'r gân. 'Dewch nawr, ferched,' medde fe, gan chwerthin ei hunan. Wel, ddethon ni 'nôl drannoeth, ond do'dd dim byd wedi newid. Dim siâp o gwbwl! Lwcus ein bod ni'n canu tu ôl i biano 'da cefn uchel, achos yr unig ffordd o'n i'n bersonol yn gallu ymdopi o'dd dala'n stumog i mewn 'da nwylo a gwasgu f'ewinedd yn galed, galed iawn i mewn iddo, nes bo fi'n cael dolur.

Ces lawer o gyfleoedd gan Peter Elias Jones dros y blynyddoedd. I ddechre, ces ran ganddo ym *Miri Mawr*, yn chware cymeriad o'dd yn gwau drwy'r amser ac yn gweud 'knit one pearl one' o hyd ac o hyd! Yna ces ran mewn drama gomedi o'r enw *Does Unman yn Debyg*, a chyfle wedyn i ymddangos mewn nifer o raglenni adloniant ysgafn fel sioe Caryl a'r *Partis* ro'dd HTV yn gynhyrchu yn yr wythdege. Bu'r cyfresi yma'n allweddol yn fy natblygiad i fel perfformiwr.

* * *

Fe gofiwch i mi weithio 'da Idris Charles ar raglen *04–05 Ac ati* pan o'n i'n groten ifanc. Yr eildro y gweithies i 'da Idris o'dd ar y rhaglen *Stumiau*, a joies i hynny mas draw. Ro'n i'n gapten ar un o'r tîme. Y wobr i'r enillydd o'dd arian – a darn o grochenwaith (yn edrych fel y tri mwnci) i'r sawl a gollodd. Fe wedes i heb feddwl un diwrnod, 'Ni 'di ennill y Trwnci 'to 'te, 'yn ni?' Fe ddalodd hyn ddychymyg Idris. 'Trwnci' o'dd hi o hynna mla'n. Ro'dd y tîm a finne'n dechre colli yn y gystadleuaeth yn wythnosol, ac ro'n i'n dechre rhedeg mas o bethe i weud, felly wnes i *headstand* yn un o'r rhaglenni! Pan droiodd Idris ata i i weld beth o'dd 'da fi i weud, a finne wedi colli eto, dim ond traed o'ch chi'n gallu gweld tu ôl i'r ddesg! Diclodd hyn Idris, o'dd wrth ei fodd 'da unrhyw nonsens. Ma' Idris yn wych 'da chynulleidfa; ma' fe'n naturiol ddoniol, a dwi'n mwynhau ei sylwebu fe ar bêl-droed ar y radio hefyd, er na 'sgen i ddim math o ddiddordeb yn y gêm.

* * *

Y tro cynta i mi neud gwaith cyflwyno o'dd ar *Siarabang*, tua canol yr wythdege, i Ffilmiau'r Nant. Dangosodd Gari Williams y ffordd i mi – helpodd e fi i ymlacio a mwynhau'r broses. 'Jyst bydd yn chdi dy hun,' medde fe. Fe ddysges i gymaint oddi wrtho.

Geson ni hwyl wrth ffilmo *Siarabang*, yn enwedig y diwrnod ro'n ni'n ffilmo ar Bont y Borth. Dwi'n dal i gofio mor oer o'n i yn y wisg. Wedes i wrth Siân Thomas (dyna'r tro cynta i ni gyfarfod) – 'Fi'n ffili neud y cyflwyno busnes 'ma.' Ateb Siân o'dd, 'Fi'n ffili acto!' R'yn ni'n bartners byth ers hynny!

* * *

Nath Siân Thomas a finne rywbeth wnawn ni fyth anghofio tua canol yr wythdege – chware rygbi i 'Blant mewn Angen', fel rhan o dîm merched y cyfrynge. Ro'dd Dad yn gweud mod i'n hurt yn rhoi'n hun mewn sefyllfa beryglus ('you stupid girl' o'dd hi 'to!) ond gawson ni hyfforddiant da gan Ray Gravell a Russell Isaac. Ro'dd rhaid i ni chware yn erbyn tîm o ferched cyhyrog o Aberystwyth.

Pan gyrhaeddon ni Aberystwyth, ro'dd y ca' wedi rhewi'n gorn (ro'dd hi'n fis Tachwedd), a'r gwrthwynebwyr yn edrych yn *serious* iawn – 'dim whare'! Ond ro'n ni mo'yn whare! Daeth hynny'n amlwg yn yr ystafelloedd newid. Fi a'n *hair extensions*, *false eyelashes* a'n *support tights*, a'n tîm ni'n fishi'n treial edrych yn ddeniadol ac yn golur dros ein hwynebe ni mhobman; y tîm arall yn *linaments* a *bandages* i gyd, yn barod i'r frwydyr.

Tra bo ni'n mynd ar y ca', rybuddies i'r tîm arall i beidio tynnu ngwallt, neu bydde'r *extensions* yn dod mas yn eu dwylo. Yn ystod y gêm, ces fy nhaclo a nhowlu i'r llawr yn fflat. Dyna'r tro cynta i mi weld sêr – tair ohonyn nhw, mewn siâp triongl (un ar y top, a'r ddwy arall wrth ei hochor hi'n daclus). Clywes y dorf yn gweud 'da'i gilydd, fel côr cydadrodd, 'Ooooh!' Ro'dd e fel bod yn nghanol Parc yr Arfau. Godes i, ffaeles i regi achos bod pobol yn edrych arnon ni, ond fe droies i'n anifail, a 'sen i wedi cael gafael ar bwy bynnag daclodd fi, 'se hi wedi cael blas yr *extensions*. Ond y gwir yw, fydden i fel y llew yna o'r ffilm *Wizard of Oz*, pan o'dd e'n gweud, 'Put 'em up! Put 'em up!'

O'dd tipyn o siâp ar Bethan Gwanas a Sioned Mair. Siân Thomas a Mari Gwilym ar y llaw arall – dwtshon nhw mo'r bêl. Bob tro o'dd hi'n dod tuag atyn nhw, o'n nhw'n rhedeg y ffordd arall. Ond fe joion ni'r gêm!

* * *

Yn y gyfres animeiddio *Gogs*, fi o'dd llais y babi a'r fam, a Dafydd Emyr y tad a'r taid. Dwi'n cofio rhoi'r syne (d'yn nhw ddim yn eirie!) i'r pethe clai 'ma yn HTV y tro cynta, a meddwl – bois bach, 'sdim iaith i'r comedi yma, jest syne. 'Galle hyn fod yn llwyddiannus,' wedes i wrth y bois – Deiniol Morris a Mike Mort o Aargh Animation. 'Ti'n meddwl hynny?' medde Deiniol. 'Cofia di beth dwi'n weud wrthat ti, nawr,' medde fi. 'Ma' 'da chi *winner* fan hyn.' Flynyddoedd wedyn, fe gafodd *Gogs* lond sach o wobrwyon, gan gynnwys gwobr Bafta yn 1995 am yr animeiddio gore, a Bafta eto yn 1998 am yr animeiddio gore mewn cyfres i blant.

* * *

Ond ro'dd 'na brofiade er'ill ar wahân i actio a chyflwyno (a chware rygbi!) yn y cyfnod yna. Ro'n i'n ffrindie mawr 'da Emrys Davies, perchennog siop Bon Marche, Llanbed, a'i deulu ers pan o'n i'n ferch fach. Ro'dd siop Bon Marche yn grêt o siop – ro'dd pob math o bethe yna. Ond gydag amser, fe ddaeth hi'n siop o'dd yn canolbwyntio ar ffasiwn i fenywod, ac ro'dd 'Emrys Bon Marche' wedi dangos bod ganddo dalent am steil a ffasiwn. Fe gynhaliodd sioe ffasiyne, a dyma'r tro cynta i fi fod yn fodel – fi a Lillian Fowden, Lorrae Jones-Southgate a Patricia Jones (Danks). Ro'dd e'n brofiad grêt. Wnes i fwynhau cerdded lan a lawr y *catwalk*. Mi benderfynodd Emrys newid pethe eto yn y siop, a'i throi'n siop flode, ac mi ofynnodd i fi agor y siop yng ngwisg *My Fair Lady* – y wisg a wisgodd Audrey Hepburn yn y ffilm pan o'dd Eliza Doolittle yn mynd i Ascot. Es i i Lundain i chwilio am y wisg, ac fe ffeindes i hi mewn siop nwydde theatrig, ond ro'dd hi lawer rhy fach i fi. Ro'dd gwisg arall yno – ffrog las, yn debyg i'r ffrogie ma'r dolie sy'n eistedd ar rolie o bapur toiled yn eu gwisgo. Ro'dd hon yn anferth! Wel, dyna fi – dros y top eto; penderfynes fynd â hi.

Ar y diwrnod, ro'dd rhaid teithio drwy'r dre mewn ceffyl a thrap 'da'r Maer a'r Faeres, Hefin a Margaret Evans. Ro'n i'n ffrindie mawr 'da'r ddau ers blynyddoedd. Fuodd y diwrnod yn un llwyddiannus dros ben – llawer o dynnu llunie, a Heledd, merch Sam a Priscilla Thomas, yn rhoi blode i mi. Ro'dd Sam o fla'n ei amser gyda'i gamera fideo yn ein ffilmo ni drwy'r dydd. Pan dwi'n edrych ar y fideo nawr, mae'n hala hiraeth arna i wrth weld y bobol o'dd yno – Dad, Anti Lyn, a hyd yn oed pobol fel Julian Cayo Evans. Mae Llanbed yn llawn o gymeriade lliwgar – ro'dd e'n ddiwrnod hyfryd.

Fel mae'n digwydd, dwi newydd gael y fraint o fod yn rhan o agoriad siop newydd arall yn y dre – yn Medi 2007 – siop D. L. Williams, ar safle'r enwog B. J. Jones gynt. Roedd hwnnw'n fwlch mawr i'w lenwi, ond mae cael 'mini Debenhams' newydd yn Llanbed yn beth cyffrous iawn! Mae sawl siop amrywiol felly yno erbyn hyn, yn cynnwys siop ddifyr J. H. Williams a'i feibion (Alun ac Eifion), sy'n dal i gynnal yr arferiad o ddanfon nwyddau ichi i'r tŷ.

'Nes i sawl hysbyseb deledu i siop B.J. Ar y dechre, Penelope Keith o'dd yn trosleisio'r hysbyseb Saesneg a finne'r un Cymraeg, ond gydag amser (i arbed 'bach o arian!) ofynnon nhw i fi ei neud e yn y ddwy iaith. Ro'n i'n dwlu dynwared acen Penelope Keith wrth weud *'B. J. Jones – the House of Fashion'*!

* * *

Fues i hefyd, yn yr wythdege, yn gyd-gyflwynydd 'da Frank Hennessy ar Radio Wales bob bore Gwener, ar raglen fyw o'r enw *Level 3* o Neuadd Dewi Sant. Ro'dd Frank a finne'n cyf-weld sêr fel Molly Parkin, Sandra Dickinson, Peter Davidson, Patricia Routledge, Peter Davidson, Ken Livingstone, Peter Ustinov, ac ie – Harry Worth (neis ei weld *e* 'to!).

Wna i fyth anghofio un cyfweliad – 'da Charlie Drake. Ro'n i'n gorfod darllen ei lyfr cyn y cyfweliad, ond ffaeles i fynd yn bellach na'r bennod gynta. Ro'dd hi'n amlwg ei fod e'n dwlu ar fenywod, a'r rheiny'n rhai tal! Ro'n i'n chwysu wrth ei gyf-weld e, ac yng nghanol y sgwrs fe wedes i, 'You won an award for your role in Pinter's *The Caretaker*, and you went on a special diet'. 'Yes, I ate a tin of mandarins and a tin of pilchards every day,' medde fe. 'Well, no wonder your tummy's going in and out like the tide,' wedes i, gan feddwl bo fi'n ddoniol. 'You know,' medde fe, 'Gillian and I have the same agent in London, and he calls her "Gilly Bean, the sex machine!" ' Es i'n wan i gyd. Ie, Huw Alexander o International Artists yn Regent Street o'dd f'asiant i am flynyddoedd – yr un asiant â Charlie Drake. Ro'dd Huw yn ddyn clên iawn, o'dd yn amal yn tynnu nghoes i, ond pan ddaeth hyn mas o geg Charlie Drake yn fyw ar y radio, ces i dipyn o sioc. Ffones i Huw i weud mod i braidd yn ypsét. Ma' clywed rhywbeth fel'na allan o'i gyd-destun yn gallu rhoi'r argraff anghywir i rywun. Ddysges i wers arall fan'na, a'i dysgu'r ffordd galed, sef i beidio rhoi barn neu weud jôc am y person r'ych chi'n ei gyf-weld. Does dim amser 'da chi i egluro'ch hunan ar raglen radio neu deledu, yn enwedig rhaglen fyw, ac fe allech chi gael ymateb annisgwl. Yr unig berson sy'n bwysig mewn cyfweliad yw'r un r'ych chi'n siarad 'da fe – nid y chi!

* * *

Fe ddechreues deimlo mod i angen neud mwy o waith theatr eto, yn hytrach na theledu, a ches ran Miss Trunchbull yn y cynhyrchiad ffantastig o *Matilda* gan Roald Dahl, yn Theatr y Sherman, Caerdydd. Phil Clark (o'dd yn wych 'da sioee i blant) o'dd yn cyfarwyddo. Ro'dd e'n lot o sbri chware cymeriad fel Miss Trunchbull. Ro'dd rhaid mynd i'r gwely'n gynnar bob nos, a bues i'n ofalus iawn 'da'r ffordd ro'n i'n byw fy mywyd – dim yfed, dim smoco, a bwyta'n dda – ro'dd angen stamina go iawn i chware'r rhan yma. Wnaethon ni saith deg a dau o berfformiade, a ro'dd raid i mi wisgo'r *padding* erchyll 'ma i neud i fi edrych yn salw o hyll. Dyma'r rhan hylla dwi erio'd wedi'i chware, ond mi ro'dd yn her.

Yn un rhan ohoni, ro'dd rhaid i mi gerdded reit i ganol y llwyfan yn urddasol, troi fy nghefn at y gynulleidfa, a cherdded yn syth i gefn y llwyfan, lan y grisie, ac yna troi at y gynulleidfa a wynebu gweddill yr actorion a o'dd yn chware rhan y plant – a phawb yn fy wynebu i. Un diwrnod, do'dd y grisie ddim wedi'u gosod yn saff, ac ro'dd bwlch rhwng y grisie a'r platfform ar y top. Sylweddoles hyn fel ro'n i'n cerdded mla'n, ond allen i neud dim byd ond cario mla'n. Mi fydde'n rhaid i mi neud fy *speech* hanner ffordd lan y stâr, ond sylweddoles i'n glou na fydde hynny ddim yn gweithio. Beth wnes i? Wel, hanner ffordd lan y stâr, dafles i'n hunan tuag at y top, fel ma' Freddie Star yn neud ambell dro 'da'i gorff. Ro'dd gen i ddigon o *padding* a dwi'n eitha athletig, ond ro'dd e dal yn risg! Mi weithiodd, diolch byth! Yna'n urddasol, mi godes a wynebu pawb. Ro'dd pob un o'dd ar y llwyfan yn ei ddyble, a ddôi dim un llinell mas o gege'r un o'r cast. Bu'n rhaid i mi siarad a chario mla'n heb ofyn yr un cwestiwn i neb.

Ond ro'dd un broblem ar ôl – er mod i wedi datrys y broblem o gyrra'dd y top, ro'dd rhaid i fi ddod lawr nawr, yn do'dd e? Trwy lwc, cyn i mi orffen yr hyn o'dd 'da fi i weud, fe symudodd y criw llwyfan y grisie'n dwt i'w lle, fel mod i'n gallu cerdded lawr yn urddasol. Whiw! Dyna sy mor gynhyrfus am actio ar lwyfan – 'smo chi byth yn gwbod beth sy'n mynd i ddigwydd nesa.

Yn y bar yn ystod yr egwyl bob nos, fydden i'n cwrdd â'r

actor Phylip Harries, o'dd yn perfformio yn yr arena drws nesa, ac medde Phil (mewn Saesneg posh), 'You were *marvellous*, darling' – er bod dim syniad 'da fe beth o'n i wedi'i neud!

* * *

Ces fy nghastio fel plismon yn y ffilm wreiddiol *A Mind To Kill*, ac ro'dd Hywel Bennet yn chware un o'r prif ranne. Fe wedodd Anti Lyn bod mam Hywel wedi bod yn yr un dosbarth â fy mam yn yr ysgol yn Llandeilo slawer dydd. Dim ond pedair llinell o'dd 'da fi yn y ffilm wreiddiol, ond drwy neud y ffilm yna fe ges i bedair pennod ar ddeg o waith ar gyfres *Yr Heliwr/A Mind to Kill*, a chael dyrchafiad i fod yn DS Allison Griffiths.

Yn wreiddiol, ro'dd rhanne Sharon Morgan a finne wedi cael eu sgrifennu ar gyfer dynion, ond fe newidiwyd y drefn (diolch byth), ac fe gawson ni waith cyson am dair neu bedair blynedd ac, wrth gwrs, y cyfle i gydweithio 'da Philip Madoc unwaith eto. Ro'dd sawl tro yn y gyfres lle ro'dd llunie erchyll lan ar y wal yn yr MIR *(Mobile Investigation Room)*, gan fod rhai o'r storïe mor graffig. Ro'n i'n cael hunllefe yn y nos. Dwi'n cofio hefyd ffilmo'n agos i'r Wyddfa, mewn cot *navy blue* o'dd lot rhy fawr i fi, a Wellingtons. Dwi'n cofio gweud wrth Peter Edwards (o'dd yn cyfarwyddo'r bennod honno, ac yn bennaeth Lluniau Lliw) pa mor oer o'dd fy nhraed i, cymaint felly nes mod i ddim yn edrych fel DS Allison Griffiths: 'Dwi wedi colli nghymeriad yn llwyr, ma' 'nhraed i mor oer!' Chwerthinodd e, ond wir, pan weles i'r bennod, ro'n i'n edrych fel Ieti. Cerddes i mewn i siop yn Llandaf un diwrnod ar ôl darlledu'r bennod, ac fe wedodd y fenyw tu ôl i'r cownter, 'Was that you last night on that detective series?' 'Yes,' wedes i. 'It didn't look like you at all – you looked very dowdy.' Eglures iddi pa mor oer o'dd hi ar yr Wyddfa, a mod i wedi methu actio t1 wy'r oerni. Chwerthinodd hi a gweud iddi fwynhau'r gyfres yn fawr iawn. A wir, mi o'dd hi'n gyfres lwyddiannus hefyd, ac mae'n dal i gael ei dangos ar draws y byd.

*   *   *

Y tro cynta i mi gwrdd â Branwen Cennard o'dd pan ges i lifft 'da'i thad, Cennard Davies, 'nôl o'r Gogledd i Gaerdydd. Ro'dd rhaid galw i weld ei wraig, a'i ferch, o'dd yn ffan fawr o *Pobol y Cwm*. Deuddeg oed o'dd hi ar y pryd, a llond ceg o fetel ar ei dannedd, ac ro'dd hi'n ferch fach hyfryd. Feddylies i erio'd bryd hynny y bydde hi'n tyfu lan i fod yn un o'n cynhyrchwyr drama penna ni. Y tro cynta weithies i 'da Branwen o'dd mewn drama o'r enw *Mysgu Cymyle*, gafodd ei chyfarwyddo gan Bethan Jones, sydd erbyn hyn yn uwch-gynhyrchydd *Pobol y Cwm*.

Ro'dd Heather Jones, Grug Maria Davies, Carys Llewelyn a finne'n actio yn *Mysgu Cymyle*. Ro'dd yr holl beth yn cael ei berfformio yng nghanol y gynulleidfa, tra o'dd Heather yn canu yn ei ffordd unigryw ar y llwyfan. Do'n i erio'd wedi actio yng nghanol cynulleidfa o'r bla'n. Gymerodd e amser i fi gyfarwyddo â hyn, achos ro'ch chi'n ddigon agos at y bobol i allu cyffwrdd ynddyn nhw. Erbyn diwedd y daith ro'n i wedi cyfarwyddo â'r fformat. Branwen o'dd wedi ysgrifennu'r ddrama, ac wedi llwyddo i gael comedi naturiol ynddi; ro'n i'n meddwl fod y sgript yn wych. Ethon ni â hi ar daith rownd y clybie yn y de.

Ces i'r fraint o weithio wedyn 'da Branwen pan o'dd hi'n rhan o dîm cynhyrchu cwmni Lluniau Lliw, cyn iddi greu ei chwmni ei hun. Ro'n i bron â chwpla neud *A Mind to Kill*, a do'dd dim amser bant cyn mynd yn syth i'r gyfres boblogaidd *Iechyd Da*, i chware rhan Brenda. Ro'dd Branwen wedi gweud wrtha i mai cymeriad tebyg i Bet Lynch o *Coronation Street* o'dd hi – yn hollol wahanol i'r rhan o'n i wedi bod yn chware yn *A Mind to Kill*, felly ro'dd rhaid newid gêr yn gyflym. Wrth siarad 'da Branwen am y cymeriad, wedodd hi fod Brenda yn rhyw fath o Bet Lynch *at heart* – o ran ei hymddygiad.

Dechreues i ddrysu braidd. 'Smo fe'n cymryd llawer i fi ddrysu! Ro'n i'n trafod ei gwallt hi ac ati, ac awgrymes efalle bydde fe'n well i mi wisgo wig – ro'dd gen i wig ro'dd Meinir Jones-Lewis wedi fy helpu i'w gael o Lundain – un tywyll, tebyg i steil fy ngwallt i, ond yn fwy trwchus. Ro'n i'n dal yn DS Allison Griffiths yn fy mhen, achos ro'dd cwpwl o ddyddie ffilmo ar ôl i'w neud ar y gyfres (o'dd wedi bod yn dipyn o farathon; ro'dd pedair ar ddeg o benode yn *Yr Heliwr/A Mind to Kill* – yn y Gymraeg a'r Saesneg). Ddes i mewn un bore i gael *fitting* ar gyfer rhan Brenda yn *Iechyd Da*, a medde Branwen, 'Fyddi di ddim yn gwisgo *mini skirt*'. Ar y pwynt yna, do'n i ddim yn siŵr a o'dd hi'n siarad amdana i neu'r cymeriad, a cholles fy nhymer! Dwi ddim yn colli tymer yn amal, ond pan dwi'n neud, dwi'n neud! Ro'n i'n ffaelu deall pam o'dd rhaid gweud hyn wrtha i. Ro'n i'n ffaelu derbyn bod y ferch fach swil gwrddes i flynyddoedd yn ôl wedi datblygu personoliaeth a bod ganddi farn!

Erbyn i ni ddechre'r ffilmo, ro'n i wedi mynd â hi mas am bryd o fwyd i egluro pam ro'n i wedi colli fy nhymer – ro'dd gormod o bethe'n mynd mla'n, gormod 'da fi ar fy mhlât, a ro'n i'n trio'n rhy galed i blesio pawb. Ma' Branwen wedi bod yn driw iawn i mi ac yn ffrind da dros y blynyddoedd.

* * *

Ces gyfweliad i fod yn rhan o dîm cyflwyno cyfres newydd o raglenni *Siôn a Siân* – y rhaglen boblogaidd iawn ro'dd Dai Jones a Jenny Ogwen wedi bod yn ei chyflwyno. Ro'n i wedi synnu, a gweud y gwir, bo nhw heb ddod â Dai a Jenny 'nôl, a nhwthe wedi bod mor boblogaidd. Beth bynnag, ro'dd sawl un ohonon ni'n cael ein hystyried fel 'Siân', ond ces lythyr ar ôl rhyw wythnos yn gweud mod i ddim ar y rhestr fer. Ar ôl rhyw fis, ces alwad ffôn gan Emlyn Penny Jones yn gofyn a o'dd diddordeb 'da fi o hyd i neud y rhaglen. Gofynnes pwy o'dd y dyn yn y bartneriaeth – 'Ieuan Rhys,' medde Emlyn. Ces glywed ganddo eu bod wedi holi barn y cyhoedd, a bod enwe Ieuan a fi wedi dod i'r brig.

Ces wisgo dillad hyfryd, a bod yn fi wrth fod yn Siân! Ro'dd Ieuan a finne'n magu hyder i fod yn gyflwynwyr adloniant ysgafn, ac yn gweithio'n galed o fla'n y gynulleidfa fyw yn y stiwdio. Erbyn heddi, ma'r ddau ohonon ni wrth ein bodde'n perfformio'n fyw.

Dwi'n cofio un tro, geson ni'n dala gan y Brodyr Gregory, ar gyfer y rhaglen *Y Brodyr Bach*! Daeth y cwpwl priod 'ma mla'n, ac ro'dd y gŵr yn fflyrto 'da fi a'r wraig yn fflyrto 'da Ieuan. Es i a'r gŵr i'r bwth lle'r ro'dd y clustffone, a disgynnodd ei *toupee* oddi ar ei ben. Es i'n bishys. Ro'n i'n teimlo'n flin dros y boi, achos ro'n i wir yn meddwl ei fod e wedi colli'i wallt! Gariodd Ieuan mla'n yn broffesiynol, ond 'sa chi'n gweld ei wyneb e pan ffeindodd e mas taw *set-up* o'dd e!

Bywyd gwyllt

Ces i nghodi i feddwl fod Guinness a Sanatogen yn dda ichi, ac na wnâi ambell Babycham neu 'Cherry B' unrhyw ddrwg ichi. Pan o'n ni'n ddwy ar bymtheg oed, bydde fy ffrind, Pam, a finne'n yfed poteled o Barley Wine a Pony *cyn* mynd mas i dafarn, ac yna, yn y dafarn, fydden ni'n yfed diodydd ysgafn achos ein bod ni dan oedran. Ro'dd y boteled fach 'na o Barley Wine a gaen ni cyn mynd mas yn cyfateb i dri pheint o gwrw, felly ro'dd yr effaith jest yn reit a ninne wedi bod yn glyfar iawn!

Yn f'achos i, dwi'n credu mod i'n lico'r teimlad cynnes yna tu fewn – ro'dd e'n help mawr ar ôl i mi golli Mami. Fydden i'n smoco yn f'ystafell wely hefyd 'da'r ffenest ar agor, a digon o *sprays* ogle da, a polo mints. Ro'n i'n credu nad o'dd gan Dad ddim syniad beth o'n i'n neud, ond nagw i'n credu'i fod e'n dwp.

Fydde Pam yn gadel ei thŷ hi yn edrych yn barchus i gyd, fel 'se hi'n mynd i'r capel, ac yna'n newid yn f'ystafell wely i! Gofynnodd ei mam iddi ryw ddiwrnod, pam na fydden i'n galw amdani hi ambell dro? Damo! Ro'dd rhaid meddwl yn glou. Tybed o'dd mam Pamela wedi gweld drwy'r cynllun? Gwisges yn barchus un noson, galw am Pam ac yna newidon ni'n dwy i ddillad trendi yn garej Pam. Yn anffodus, mi welodd mam Pamela ni'n rhedeg mas o'r garej ac yn strêt lan i'r Plough! Drannoeth, daeth Pam i ngweld i a gweud bod ei mam ishe siarad 'da ni. Ro'n i'n gwbod mod i'n mynd i gael row, felly brynes i focs o Terry's All Gold iddi hi! Ro'dd ofn mam Pamela arna i pan o'dd hi fel hyn, ond er ein lles ein hunain ro'dd hi'n ein dwrdio, wrth gwrs; ro'dd hi'n gwbod falle mod i wedi mynd off y rêls ar ôl colli Mami. Es i mewn ati i wynebu'r gwir, 'da'r bocs siocled yn fy llaw mewn papur brown. Ond, ar wahân i'r pechod o newid dillad yn y garej, ro'dd Pam a finne wedi tynnu Ann-Marie a Tricia i mewn i'n cynllwynio. Atgoffodd Tricia fi'n ddiweddar bod Pam a finne wedi gweud eu bod nhw ill dwy yn dod i'r dawnsfeydd yn Llanybydder 'da ni – o'dd yn gelwydd noeth, wrth gwrs, achos ro'n nhw'n ferched da! Chafodd mam Pamela byth wbod ein bod ni wedi bod yn hitsho. Do'n i ddim yn sylweddoli'r peryglon amser hynny – 'ych chi byth pan 'ych chi'n ifanc. Ro'dd mam Pamela a mam Lorrae yn neud eu gore i edrych ar f'ôl i drwy'r amser, a ma' 'da fi le mawr i ddiolch iddyn nhw.

Ro'dd y sigaréts a'r ddiod yn neud i fi feddwl mod i'n aeddfetach nag o'n i. Rywsut neu'i gilydd, fe gadwon nhw fi i fynd am sbel. Ro'n i'n meddwi'n gyflym – dim ond swig clou o'r Barley Wine o'dd ishe a dyna hi, ond yn fuan ddes i'n gyfarwydd â hwnnw ac ro'n i mo'yn rhywbeth cryfach. Mae'n rhyfedd shwd ma' rhywbeth yn gallu'ch caethiwo heb i chi sylweddoli hynny. Pan fydden i'n cael unrhyw fath o lwyddiant neu fethiant bydde'n rhaid dathlu neu foddi gofidie – dyna beth o'dd f'esgus i, ta beth! Do'n i ddim yn deall mod i'n byw bywyd annaturiol.

Yna, pan ddechreues i weithio'n broffesiynol, ro'n i'n byw mewn byd ffantasi, mewn ffordd, trwy'r amser. Do'n i byth yn lico gweld cynhyrchiad yn dod i ben; ro'dd rhaid wynebu'r byd go iawn wedyn. Ro'n i'n byw ar yr adrenalin. Ro'n i ishe bod gydag actorion drwy'r amser, achos dim ond nhw o'dd yn fy neall i – neu o leiaf, dyna o'n i'n ei feddwl. Ma' hyn yn gallu achosi llawer o brobleme, yn enwedig os 'ych chi mewn perthynas.

Dwi'n cofio un noson, pan o'n i yn f'ugeinie, fe arhoson ni lan drwy'r nos yn dathlu rhywbeth neu'i gilydd – fy ffrindie, Llinos Wyn, Siân Meredydd, Marged Esli a finne. Ethon ni i Glwb y BBC, wedyn i'r Philharmonic yng nghanol Caerdydd; o fan'na i'r Taurus Steak Bar, a bwyta ac yfed yno tan orie mân y bore. Fel 'sa hynny ddim yn ddigon, ethon ni lawr wedyn i'r stesion i brynu rhywbeth i'n cadw ni i fynd, a pharhau i siarad a joio a chwerthin. Wedyn ethon ni i mewn i Westy'r Parc i gael *champagne breakfast*. Wedon ni wrthyn nhw ein bod ni wedi bod yn gweithio'n galed drwy'r nos, ac a fydde ots 'da nhw os fydden ni'n ymuno yn y brecwast, ac i mewn â ni. Yna i gloi'r farathon o 'noson' yma, ethon ni mewn i dŷ bwyta o'r enw The Lexington i gael cwpwl o lagers. Dyna i chi noson a hanner go iawn.

Ro'n i'n lojo 'da Catherine Davies ar y pryd, ac fe aeth Marged a fi 'nôl i fan'na. Ro'dd Cath yn ffaelu credu o weld ein stad ni ein bod ni'n dal ar ein traed – a gweud ei bod hi'n grac ei bod hi wedi colli noson fythgofiadwy! Golapson ni ar soffa yr un! Fuodd Catherine, neu 'Lady Hendy' fel ro'n ni'n ei galw hi, yn garedig iawn i mi pan o'n i'n lojyr. Ro'dd Tomos John (y gath, a symudodd i mewn 'da fi) wedi cymryd at gath Catherine – Scarlett Rose o'dd enw honno. Pan fydde'r ddwy ohonon ni wedi cael gormod i yfed, fydden ni'n siarad llawer am Tomos John a Scarlett Rose, fel 'sen nhw'n bobol go iawn. 'Ni'n credu taw Tomos John o'dd yn gyfrifol am feichiogrwydd Scarlett Rose!

Cafodd Catherine barti yn ei thŷ un tro, ac ar fore'r parti ro'n i'n cael *lie in* bach neis nes i fi glywed Catherine tu fas i ddrws f'ystafell yn gofyn a o'n i'n bwriadu codi o gwbwl? 'Yn y funud,' wedes i. 'Yn y funud?' medde hi. 'Ma' lot i neud – ma' ishe hwfro'r lle a thacluso a phethach – ma' parti 'da fi heno.' A mas â hi fel corwynt a slamo'r drws ar ei hôl. Reit, feddylies i, mi ddangosa i iddi mod i ddim yn hen bwdren. Es i rownd y tŷ fel Mary Poppins. Lanheais i bob twll a chornel. Erbyn iddi ddod yn ôl yn y nos ro'dd popeth wedi neud – hyd yn oed y ford ag addurniade pen blwydd arni. Pan welodd hi hyn i gyd, ro'dd hi'n ffaelu credu'r peth. 'Ti wedi neud i fi deimlo'n *ofnadw* nawr,' medde hi. 'Ie, wel, dyna beth o't ti'n mo'yn – a ti wedi'i gael e,' wedes i!

Yn y saithdege, ro'dd criw ohonon ni wastad yn mynd i Pappagio's, clwb nos yng Nghaerdydd. Lle bach tywyll o'dd e, a wastad gwd crowd yno. Mae'r rhan yna o Gaerdydd wedi newid yn gyfan gwbl erbyn hyn, a gwesty'r Marriot sy lle ro'dd yr hen Pappagio's. Ro'dd y gamlas fan'na hefyd – gyferbyn â'r docie. Ar ôl danso fel ffŵl yn y clwb ac yfed Sangria nes bo fi'n dost, bydden ni'n mynd i 'El Grecs' (El Greco) rownd y gornel i gael rhywbeth i fwyta, neu efalle bydden ni'n mynd i Caroline Street i gael chips a chyrri poeth!

Yn Pappagio's gwrddes i ag Emyr Huws Jones, un o'r sgrifenwyr caneuon gore yng Nghymru. Fuon ni'n canlyn am sbel, ond ro'n i'n rhy wyllt iddo fe; y cyfan o'n i ishe neud o'dd mynd mas i yfed a danso. Roddodd e lyfr sgrifennu lliw oren i mi, a'i ganeuon enwoca wedi'u sgrifennu mewn ffelt-pen ddu yn y llyfr – do'dd dim un ohonyn nhw wedi cael eu recordio ar y pryd. Wedes i wrtho un diwrnod, 'Ma' geirie'r caneuon 'ma'n ffantastig, ond ti heb sgrifennu 'run i fi!' Yn ei ffordd ddiymhongar, fe nath e – ond dim ond ar ôl i'r berthynas ddod i ben. Allwch chi ddychmygu shwd o'n i'n teimlo. Mae'r llyfr yn dal 'da fi. Enw'r gân ydi 'Pappagio's'.

Dwi ddim yn credu i'r sioc o golli Mami mor ifanc ddala lan 'da fi nes o'n i yn fy ugeinie hwyr. Dechreues i gael *panic attacks* pan o'n i'n ddeg ar hugen oed. Mi ges i un pẁl pan o'n i'n bedair ar hugen, a do'n i ddim yn gwbod beth o'dd yn digwydd i fi. Ro'n i'n siopa un diwrnod yng nghanol Caerdydd ar ôl bod mas y noson cynt yn Pappagio's yn yfed gwin gwyn a soda, smoco, a 'dawnsio dan y golau gwyn', fel wedodd Emyr Huws Jones – 'showan off' unwaith 'to, a meddwl bo fi'n un o'r Pan's People. Ro'n i yn yr Hayes yng nghanol Caerdydd, yn siopa ar ben fy hunan, ac es i i deimlo'n rhyfedd iawn; ces i ofn, a gweud y gwir, achos ro'n i'n ffaelu symud, ac yn cael trafferth anadlu. Bu'n rhaid i fi eistedd lawr, a thrwy lwc ro'dd mainc bren reit o mla'n i. Do'n i ddim yn gwbod beth i neud. Ro'dd e'n deimlad annifyr iawn. Daeth tacsi o mla'n i a rhuthres i mewn iddo a mynd adref. Ro'n i'n byw ym Mhenarth ar y pryd, 'da merch o'r enw Rosi, o'dd yn ddawnswraig, a'i chi – Yorkshire Terrier bach o'r enw Candy. Ro'dd hi'n dod o Ardal y Llynnoedd ac ro'dd hi gwpwl o flynyddoedd yn hŷn na fi – ro'dd hi fel chwaer fawr i fi. Gwrddes i â hi trwy Dewi Pws. Esbonies i Rosi beth o'dd wedi digwydd, ac mi wedodd, 'Oh you've just had a panic attack'. Do'n i erio'd wedi clywed am shwd beth, ond mi gododd ofn arna i a neud i fi edrych ar fy mywyd am y tro cynta erio'd. O hynny mla'n, mi ddechreues i edrych ar ôl fy hunan yn well. Mi ddarllenes lawer am *panic attacks*, ac o lyfre *self help* yn ystod y blynyddoedd nesa, a deall ei fod yn bwysig i fwyta'n iawn, peidio colli pryde bwyd ac, wrth gwrs, anadlu'n iawn – pethe elfennol d'ych chi ddim yn styried nes i chi ddechre dioddef. Ar ôl blynyddoedd o beidio deall beth o'dd yn bod arna i, daeth popeth yn amlwg – ro'dd yr amser wedi dod i fi ddechre edrych ar ôl fy hunan o ddifri.

Mi ddechreuodd y cyfnod newydd o edrych ar ôl fy hunan yn dda iawn, ond barodd e ddim yn hir. Cyn pen dim, ar ôl i fi wella, ro'n i 'nôl yng nghanol y bywyd gwyllt eto, ac yn gwrando dim ar fy nghorff nag ar neb arall. Ma'ch corff chi'n gweud wrthoch chi pan ma' rhywbeth ddim yn iawn, pan 'ych chi'n gor-neud, ond, yn anffodus, dewis ei anwybyddu wnes i a meddwl mod i'n *superwoman*. Ddealles i fyth pam bod ffrindie agos yn gweud, 'Paid â neud gormod, nawr', a Dad wastad yn gweud, 'Don't overdo it, now' mewn llais athro. Mae'r frawddeg yna yn 'y mhen i o hyd. Ro'dd fy ffrindie'n mynd ar eu gwylie neu'n cael amser bant. Fi? Ro'n i'n gweithio fel Trojan chwarter call.

Dwi wedi bod yn berson eithafol erio'd, ond erbyn hyn dwi wedi dysgu tynnu 'nôl. Bydde criw ifanc ohonon ni o'dd yn gweithio yn y cyfrynge yn mynd lawr i'r dre i glybie Casablanca ncu'r Casino (o'dd yn yr hen ddocie), ond ro'dd y lleill, rywsut, yn gwbod pryd i stopo. Rhaid mod i'n casáu fy hun o dan y mwgwd yma ro'n i wedi greu i mi fy hun, ac eto ddealla i fyth shwd ro'n i'n gallu cynnal fy ngwaith mor dda – byth yn cael diod cyn mynd ar lwyfan nag ar deledu, ond eto pan o'dd amser bant 'da fi o'r sgrin, ro'dd fy mywyd personol i *on hold*, fel petai. Fydden i'n gweithio'n galed, galed – neud y job yn iawn ac yn broffesiynol – wedyn dathlu, gyda siampên, fel 'tasen i'n filiwnydd! Pan o'n i'n cael amser bant o'r gwaith, d'on i ddim yn gwbod shwd i wynebu'r byd go iawn, a bydden i'n ffeindo ffrind i gael sesh – 'jest un *bach*' – achos bo fi'n meddwl bo fi'n haeddu fe!

Pan gyrhaeddes i ddeg ar hugen oed, ces barti mawr yn y Philharmonic yng Nghaerdydd, a meddwi'n rhacs ar siampên. Ro'dd fy asiant yn Llundain wedi penderfynu danfon pedwar *crate* ohono i fi ar fy mhen blwydd – fel taliad am ran fechan ges i yn y ffilm *Gaucho* i S4C. Daeth llwyth o bobol i'r parti, o'dd 'bach o sioc a gweud y gwir, ond yn syrpréis neis.

Un tro, o'n i'n gweithio 'da cwmni Wyvern ar ddrama gyfnod, ac wedi creu argraff ar y cwmni. Aeth yr holl beth i mhen i. Ro'dd Johnny Tudor, y canwr, wedi cael rhan yn y ddrama hefyd, ac ro'dd un olygfa lle ro'dd e'n gorfod gweiddi arna i pan o'n i'n cael fy llosgi'n fyw. 'Llosgwch y butain!' o'dd ei eirie fe, gan ddefnyddio'i chwip ddu leder a gwenu'n gas. Wel, ro'dd e ffaelu stopo gweud hyn, ac ro'dd e'n edrych y part! Ro'dd Johnny'n gwmni gwych ac yn ddoniol iawn bant o'r camera hefyd; mae e ac Olwen Rees ei wraig yn real trŵpyrs, ac yn broffesiynol tu hwnt.

Ro'dd Johnny'n canu mewn clwb nos y nos Sul ar ôl i ni gwpla ffilmo ar y dydd Gwener, ac fe roiodd e wahoddiad i'r criw i gyd i fynd i weld e'n perfformio. Cyn mynd, geson ni bryd o fwyd mewn bwyty Chineaidd moethus yng Nghaerdydd, lle benderfynes i archebu siampên pinc, a'i yfed fel tase fe'n mynd mas o ffasiwn. Camgymeriad llwyr! Allwch chi ddychmygu'r stad ro'n i ynddo fe pan gyrhaeddon ni lle ro'dd Johnny'n perfformio? Ro'n i'n ffaelu siarad yn iawn, heb sôn am siarad yn gall. Yr unig beth ro'n i'n neud o'dd canu drwy'r amser! Ro'dd pobol yn chwerthin a joio a chael lot o sbort, ond ro'n i'n neud lot o sŵn hefyd! Do'dd fy nghariad ar y pryd ddim yn gwbod ble ro'n i (fues i'n ddrwg fel'na yn y cyfnod hwnnw, byth yn gweud ble ro'n i'n mynd); dwi'n siŵr fydde fe byth wedi dyfalu mod i – ar ôl bod yn yfed siampên – yn gwibio lawr yr M4 yng nghefn BMW i weld Johnny Tudor yn canu yn Briton Ferry!

Gyrhaeddon ni'r clwb, wedi'i dala hi, ac o'dd y bachan ar y drws yn gyndyn i adael fi mewn, ond mi nath yn y diwedd (yr ail gamgymeriad). Mi eisteddon ni reit yn y ffrynt (y trydydd camgymeriad). Ro'n i'n gwisgo ffrog mini 'da polca dots, fel Looby Loo yn Andy Pandy. Eisteddes i lawr, a daeth cantores mla'n i ganu cwpwl o ganeuon, ac ro'dd hi'n ffantastig. Ro'n i'n codi a chlapo ar ôl pob cân – ro'n i wedi weindo. Caeodd y llenni, a wedon nhw fydde'r canwr nesa ar y llwyfan unrhyw funud. (Cofiwch mod i'n eistedd reit yn y ffrynt, a bordydd o gwmpas yr ystafell yn llawn pobol wedi dod mas i fwynhau nos Sul dawel!)

Agorodd y llenni o'r diwedd, a finne'n wên i gyd, achos o'n i'n nabod Johnny! Canodd y gân gynta, ac wrth gwrs mi 'nes i godi, clapo a chwibanu. Wedyn dyma fe'n canu 'Delilah', gan siglo'i gorff fel Tom Jones, ac yn debyg ofnadwy i Frankie Vaughan o'r pumdege. Feddylies i'n sydyn na alle fe fyth canu'r gân yna heb fod Delilah wrth ei ochr e. Ro'dd y grisie pren i'r llwyfan yn ormod o demtasiwn, a lan â fi a sefyll ar y llwyfan a neud rhyw *pose* fel Marilyn Monroe wrth wynebu'r gynulleidfa. Ro'dd Johnny mor broffesiynol, nath e i fi edrych fel 'sen i *fod* yna, fel 'se hyn yn rhan o'r act. Yna, yn ara bach, fe symudodd e fi i ochr y llwyfan. Wel, 'na fflat shot! Arhoses i yn y *wings* am eiliad, jest rhag ofn ei fod e mo'yn fi 'nôl ar y llwyfan. *Mo'yn fi 'nôl ar y llwyfan?!* Chi'n jocan! Beth ddaeth dros 'y mhen i? Gan ddefnyddio nwylo, a meimo 'da ngheg, gofynnes i Johnny, 'Ti mo'yn i fi ddod 'nôl mla'n?' Ro'n i wedi disgwyl bod ar y llwyfan yn hirach, y'n do'n! Ro'dd Johnny'n canu fflat owt gan roi pob owns o egni o'dd ynddo i'r perfformiad, a'r ateb ges i o'dd 'NA!' Siglodd ei ben a gwenu arna i.

Nawr, ro'dd rhaid i mi gerdded drwy'r *wings* (a dyna chi be o'dd real cym-down), drwy'r stafell gotie o'dd yn llawn o fwcedi a mops a brwshys, straffaglu wedyn drwy'r gegin, ac yna rownd tu ôl i'r Legion Club i fynd 'nôl i'n sedd i yn y ffrynt. Pan gyrhaeddes y sedd, ro'dd e'n dal i ganu 'Delilah!' O! 'na grêt, feddylies i, a dyma fi'n treial mynd 'nôl lan y stâr i'r llwyfan eto! 'Sech chi'n gweld ei wyneb e tro 'ma, 'te. Ro'dd e'n gwenu ac yn canu'r gair 'Na!' ar yr un pryd – heb ddangos i'r gynulleidfa wrth gwrs. Â'i law ar fy mhen, ac yn dal i ganu, gwthiodd fi'n deidi yn ôl i'n sedd unwaith yn rhagor. Ro'dd y *cheek* 'da fi i dreio mynd lan 'to – ar ôl i fi eistedd lawr y trydydd tro! Fihafies i wedyn, ac ar ôl iddo fe gwpla codes ar fy nhraed, a chymeradwyo fel menyw chwarter call.

Ro'dd disgo ar ôl y sioe, disgo un fenyw – fi – yn danso yng nghanol y llawr nes bod dim egni ar ôl 'da fi. 'Sdim rhyfedd mod i heb briodi! I gwpla'r noson, fel 'sa hyn i gyd ddim yn ddigon, fe gwmpes i'n fflat ar y llawr – yn fy mini polca dot! Fe es i mas o'r clwb y noson honno dros ysgwydd cynhyrchydd y ddrama ro'n i wedi bod yn gweithio arni ers mis. Dwi'n cofio fe'n gweud wrth rywun wrth y drws, 'She's been working very hard lately; she's exhausted'. Adawes i siaced nefi hyfryd ar ôl ar gefn y gadair; dwi byth wedi'i chael hi 'nôl, gyda llaw, a wnes i ddim mentro mynd 'nôl i chwilio amdani.

Ro'n i'n recordio cân ar gyfer y ddrama y diwrnod wedyn, ac ro'dd fy llais yn berffaith. Ro'n i fod i swnio'n drist a blinedig, a bois bach, ro'n i *yn* drist a blinedig! Mi weles i'r cyfarwyddwr ac ro'dd cymaint o gywilydd arna i. Wedodd

e, 'Gillian, what you did last night was very wrong, but – '
'Yes!' wedes i fel merch fach ddiniwed yn dishgwl y
gwaetha . . . 'But,' medde fe, yn gwenu rhyw fymryn . . .
'Yes,' wedes i 'to . . . 'It was very, very funny!' Diolch fyth
bod y bois yma wedi gweld yr ochr ddoniol, ac ro'n nhw'n
boléit iawn am yr holl beth. Ro'dd rhaid bo fi wedi bod ishe
cael rhywbeth mas o'n system! Ma' Johnny ac Olwen wedi
bod yn grêt am y peth. Mi faddeuodd Johnny i fi, ond
wedodd e os bydde fe'n perfformio yn y Palladium yn
Llundain rhywbryd yn ystod ei yrfa, i fi plîs beidio dod lan
ar y llwyfan!

'Nôl yn y saithdege, ro'n i'n cael perthynas ddeche 'da
dynion, perthynas fydde'n para rhyw ddwy flynedd ond
ddim yn mynd i unman. Ro'n i naill ai'n cwpla 'da nhw neu
ro'n nhw'n cwpla 'da fi! Ro'dd hyn yn digwydd gan amla
achos bo fi ddim yn gallu bihafio ac eistedd yn llonydd fel
lêdi. Ro'n i ishe perfformio a dangos fy hunan drwy'r amser,
yn enwedig ar ôl gormod o win. Ishe dynwared rhywun yn
canu, rhywun fel Shirley Bassey, Liza Minnelli, Barbra
Streisand, Sandie Shaw, Cilla Black, Satchmo – unrhyw un
– ac yn meddwl mod i'n ffantastig. Ishe i bawb y'n lico fi o'n
i! Ond ro'dd rhaid cael cwpwl o wydre o win yn gynta, i gael
yr hyder.

Ma' cyfadde hyn yn anodd ofnadwy! Fydden i'n eistedd
mewn clwb, yn un o griw o bobol ifanc, a bydden i'n dechre
diddanu pwy bynnag o'dd yn eistedd drws nesa i fi. Ro'n i'n
fy mlino'n hunan *a* phawb arall! Ro'dd y gyrwyr tacsis wrth
eu bodd pan o'n i'n mynd mewn i'r car. Bydden nhw'n
gweud, 'Who are we going to be tonight, then?' 'Who do
you want to hear?' fydden i'n gweud. 'Cilla Black!' fydde'r
dyn tacsi'n gweud – a Cilla fydde hi! Edrychon nhw ar f'ôl

i a neud yn siŵr bo fi'n cyrra'dd adre'n saff, beth bynnag o'dd 'y nghyflwr i, chware teg iddyn nhw.

Ro'dd y joio mawr yn mynd mla'n yn Llanbed hefyd, nid jest yng Nghaerdydd. Dwi'n cofio cael hwyl mewn tafarn un prynhawn, a chanu 'There's a hole in my bucket' 'da un o ffrindie penna Dad – Selwyn Walters, o'dd yn dysgu yn yr un ysgol â Dad! (Daeth e a'i wraig Judith yn ffrindie annwyl i fi ar ôl colli Dad.) Os o'dd unrhyw gyfle i berfformio, fydden i yno gyda'r cynta.

Ar ôl pymtheg mlynedd o ymddwyn yn wyllt, ma'n rhaid i *rywbeth* roi. Mi gymrodd tan o'n i'n ddwy a deugen cyn i mi benderfynu rhoi'r gore i'r yfed a'r smoco. Ro'dd fy nghorff yn ffaelu diodde rhagor o fywyd ar y lôn gyflym! Dechreues gymryd fy mywyd o ddifri a dechre newid pethe. Penderfynes gael sgwrs gyda *bereavement counsellor* ynglŷn â cholli Mami mor ifanc. Ai dyna pam ro'n i'n gweithio mor galed, i guddio shwd o'n i'n teimlo tu fewn? Ife dyna pam nad o'dd yr un berthynas yn para mwy na dwy flynedd? Ife dyna pam o'dd gen i gynifer o gariadon ond yn ofni priodi a chael plant – ofn neud yr ymroddiad yna i un person am byth, falle. Ac a fydde hyn wedi digwydd tase Mami wedi byw? Ro'dd gen i lawer iawn iawn o gwestiyne. Ro'dd rhaid i mi neud rhywbeth.

Dwi'n lico meddwl mai Dad helpodd fi i edrych o ddifri ar fy mywyd. Ro'dd ei golli e'n ergyd real i fi, ac fe siglodd e fi i'r fath radde fel y newidiodd fy mywyd yn llwyr. Dyna un o'r prif resyme i mi roi'r gore i'r yfed. Ro'dd llawer o arwyddion er'ill hefyd – fel y pylie o banig, teimlo'n sâl yn y stumog drwy'r amser, blinder, dim lot o hwyl neud pethe syml mewn bywyd oherwydd yr hangofyrs erchyll. Ar ôl gweud hyn, ro'n i *yn* gallu cyflawni llawer iawn o bethe, a hynny ag egni rhyfeddol, ond ro'n i'n llosgi'r gannwyll y ddau ben. Ro'n i'n meddwl taw dyma'r ffordd ro'dd pawb yn byw.

Bues i'n hynod o ffodus trwy hyn i gyd bod 'da fi ffrindie da. Er enghraifft, pan ymunes i â 'merched y Cwm' a chael tynnu llun i hysbysebu *Pobol y Cwm* am y tro cynta erio'd, a finne'n un ar hugen oed, fe sylweddoles i mor lwcus o'n i i fod wedi cwrdd â phedair o ferched annwyl, o'dd yn meddwl y byd ohono' i, a finne ohonyn nhwthe – Lisabeth Miles, Gaynor Morgan Rees, Menna Gwyn a Betsan Roberts. Daeth y pedair yma'n agos iawn ata i dros y blynyddoedd – bron fel chwiorydd hŷn. Ro'dd eu hymddygiad nhw'n fy helpu i'n ffrwyno fy hun dipyn; ro'n nhw'n edrych ar fy ôl heb i fi sylweddoli hynny, er mod i'n llwyddo i neud iddyn nhw chwerthin wrth adrodd hanes yr 'antics' i gyd.

Ond ro'n i ishe plesio pobol yn gyson ac, o ganlyniad, yn trio'n rhy galed; ro'n i wedi dod i gredu'r dywediad 'nad rihyrsal yw bywyd' ac ishe joio trwy'r amser – do'n i ddim ishe colli eiliad!

Dwi ddim yn hollol siŵr o ble ddaeth y tueddiad yma i or-neud a gorweithio. Ffeindes i mas yn y diwedd mai'r ffordd ore o ddod mla'n yn y byd 'ma o'dd ymlacio, fel wedodd Dad wrtha i'r holl flynyddoedd yna yn ôl ar y llawr danso! Rhaid i chi hefyd edrych ar ôl eich hunan (yn enwedig yn y gwaith dwi'n neud) cyn meddwl edrych ar ôl rhywun arall. Daeth hyn yn glir iawn i mi ar ôl i mi roi'r gore i yfed, ac yna, yn raddol, rhoi'r gore i'r smoco hefyd. Ro'dd rhaid cael gwared o'r props, fel petai. Mae'n debyg mai defnyddio'r rhain fel pethe i bwyso arnyn nhw o'n i, achos nad o'n i ddim ishe teimlo'r boen a'r gwacter ar ôl colli Mami. Fydde hynny *byth* yn fy ngadael i'n llwyr, ond ro'dd hi'n amser i ddelio gyda mhrobleme a symud mla'n. Ro'dd yr egni'n dal 'da fi, ac ro'dd angen ei sianelu i'r cyfeiriad iawn.

Y peth anodda i mi, ac a nath i fi benderfynu 'digon yw digon', o'dd bod y bobol o'dd ar un adeg wedi chwerthin *gyda* fi nawr yn dechre chwerthin ar fy mhen i. O'dd hwnna'n deimlad anghyfforddus. Sylweddoles i bryd hynny pwy o'dd fy ffrindie, ac mi gwmpodd y geiniog. Ro'dd perfformio bedair awr ar hugen y dydd yn cuddio lot o dristwch.

Ar ôl blynyddoedd o ymladd yn ei erbyn, daeth yr holl beth i ben ar y 1af o Fai, 1995 – dwi'n cofio'r dyddiad yn iawn. Mi ges y sesiyne cynghori – 'bach yn hwyr, falle, ond fe nath e'r tric. Nid arwydd o wendid ydi ceisio help, ond arwydd o gryfder. Fe gymeres i'r cyfle, a sylweddoli, wrth neud hynny, nad o'n i wrth fy hunan wedi'r cyfan! Pan wynebes i'r gwir a rhannu teimlade personol gyda rhywun o'n i erio'd wedi'i gwrdd o'r bla'n, ond o'dd yno i wrando, ro'n i'n gallu ymlacio mwy wrth fyw fy mywyd bob dydd. Mi deimles ryw ryddid, fel petai probleme'r byd o'n i'n eu cario heb yn wbod ar f'ysgwydde, wedi diflannu, a hynny am y tro cynta ers blynyddoedd lawer!

Y peth gore wnes i erio'd o'dd rhoi'r gore i yfed alcohol. Ro'dd llawer o ffrindie agos yn methu credu mod i wedi gallu neud penderfyniad mor fawr ond, mewn ffordd, ro'dd y penderfyniad mas o nwylo i – wnaeth e jest digwydd! Ro'dd hi'n braf sylweddoli o'r diwedd ei bod hi'n iawn i deimlo pethe i'r carn yn lle gwthio teimlade i fewn drwy'r amser. Ma' cuddio teimlade a rhoi mwgwd mla'n yn waith caled a blinedig! Mi gymrodd flynyddoedd i mi sylweddoli beth o'dd wrth wraidd fy mhrobleme i, ond yn sydyn ro'dd popeth yn neud synnwyr. Yn bwysicach na dim, fy mhenderfyniad i o'dd e, fy mywyd i o'dd e, ac o'r diwedd ro'n i ishe'i barchu.

Fel 'ych chi wedi sylweddoli, mae gen i'r tueddiad i fynd 'dros y top', ond erbyn heddi dwi'n gwbod, ar ôl llawer o help hefyd gan deulu a ffrindie, pryd i neud hynny a shwd i dynnu 'nôl. Ar ôl blynyddoedd o fod heb sylweddoli mod i'n berson *addictive*, dwi nawr yn gallu cydnabod y salwch a neud rhywbeth yn ei gylch. Dwi bellach yn gallu gweld y gwahaniaeth rhwng y byd afreal a'r byd go iawn, ac yn mwynhau ngwaith *a* mywyd personol, mewn ffordd llawer mwy iachus.

Mae gen i lu o ffrindie gwych sy, fel fi, ddim yn yfed, a chredwch neu beidio, d'yn ni ddim yn bobol 'boring' chwaith! Mae Mick, fy nghariad, yn un ohonyn nhw. Fel fi gynt, ro'dd e'n arfer bod yn *party animal* o'dd ddim yn gwbod pryd i stopo. R'yn ni wedi cael sawl sgwrs am hyn, ac yn methu credu bo ni heb gwrdd â'n gilydd tan yn hwyr yn ein bywyde! Y gwir yw, dwi ddim yn credu y bydden ni wedi para'n hir 'da'n gilydd pe bydden ni wedi cwrdd yn ein hugeinie – ro'dd y ddau ohonon ni'n chwarter call bryd hynny!

Fydd Mick a fi'n adrodd hanesion wrth ein gilydd yn amal – fi'n adrodd hanes rhyw 'sesh' neu'i gilydd, ac ynte'n neud 'run peth. Mae ganddo stori am drip i Fenis. Mae e wedi teithio rownd y byd, ac ro'n i'n gweud pa mor neis o'dd hynny'n swnio ac fel basen i wedi lico mynd i Fenis. 'Rhaid fod e'n lle rhamantus,' medde fi. 'Ffaelu cofio!' medde Mick. 'Ro'n i yng ngwaelod gondola!' Dwi mor falch ein bod ni'n gallu edrych 'nôl a chwerthin ar rai o'n hantics ni. Ond er i fi fwynhau pob munud o'r dyddie gwyllt ar y pryd, dwi'n gwingo nawr ac yn y man wrth feddwl 'nôl! Dwi'n credu'i bod hi'n iawn edrych 'nôl, dim ond peidio syllu'n stond. Ro'dd e'n lot, lot o sbort, a dyna o'dd yn ei neud e mor anodd i roi'r gore iddo; ro'dd e'n fywyd o ffantasi, ond alle fe ddim para. Fel wedodd y Dalai Lama: 'Remember that not getting what you want is sometimes a wonderful stroke of luck.' Gwir pob gair! Ond 'sgwn i ife o'r dyddie gwyllt hynny y ces i'r hyder flynyddoedd wedyn i ddechre perfformio mewn sioe un fenyw? Falle hefyd bod y dyddie gwyllt wedi bod yn baratoad da ar gyfer yr hyn o'dd i ddod yn fy mywyd: gweithio 'fflat owt' a diddanu pobol o'n i heb eu gweld erio'd o'r bla'n – go debyg i'r perfformio yna pan o'n i'n groten fach.

Mae sgrifennu'r hunangofiant yma wedi bod yn brofiad cathartig, a gweud y lleia, i mi. Mae'n *rhaid* i chi weud y gwir, achos mae e'n mynd i fod lawr ar bapur am byth!

Ifan Gruffydd

Dwi'n cofio gweithio un tro ar raglen Geraint Griffiths. Ar y pryd ro'n i'n canu'r gân hyfryd 'Atlanta', wedi ngwisgo mewn ffrog hir, debyg i un Scarlett O'Hara yn *Gone with the Wind*. Joies i weithio 'da Geraint, a dwi'n dwlu ar ei lais. Beth sy 'da hyn i neud ag Ifan Gruffydd, meddech chi? Wel, wrth i fi neud y rhaglen yng Nghaernarfon, ro'dd Huw Jones, o'dd yn bennaeth cwmni Teledu'r Tir Glas ar y pryd, wrthi'n paratoi rhaglen newydd sbon ar gyfer diddanwr newydd o'dd yn dod o Dregaron. Alwodd e fi draw i siarad 'da fe. 'Wyt ti wedi clywed am Ifan Tregaron?' 'Na!' wedes i. 'Wel, ma' fe'n eitha tebyg i Ken Dodd i edrych arno, ac yn mynd lawr fel bom mewn nosweithie llawen. Dwi'n bwriadu gneud cyfres deledu gyda fe, a ro'n i'n meddwl falle dy gael di a John Pierce Jones fel actorion comedi profiadol o'i gwmpas e, achos dyw e ddim wedi gneud teledu o'r bla'n. Cymer olwg ar y fideo yma, a rho alwad i fi ar ôl i ti weld e i ddeud sut wyt ti'n teimlo.'

Wel, do'n i ddim yn gwbod beth i feddwl. Yn sicr feddylies i fyth y bydde'r penderfyniad ro'n i ar fin ei neud yn newid fy ngyrfa. Es i 'nôl i Gaerdydd, yn pendroni beth i neud. Yna fe feddylies i, 'Reit, Gillian, cer gyda dy reddf, a gweld shwd ti'n teimlo ar ôl edrych ar y fideo'. Pan roies i'r fideo mla'n, es i'n wan! Pwy o'dd y boi 'ma o'dd ddim hanner call? Ro'n i'n gegagored. Es i neud dishgled i'n hunan a meddwl, a meddwl, ac mi wnes benderfyniad –

143

ro'dd rhywbeth yn fy ngwthio i i gymryd y cyfle. Ffonies i Huw Jones i weud mod i'n barod i neud y gyfres. Ro'dd hi'n dipyn o risg – gweithio 'da rhywun o'dd erio'd wedi neud gwaith teledu o'r bla'n, ond unwaith gwrddes i ag Ifan ym maes parco'r Brifysgol yn Aberystwyth, ro'n i'n gwbod fod pethe'n mynd i fod yn OK.

Mae'n amhosib peidio â chynhesu at Ifan. Ro'dd e'n pwyso ar ei gar yn smoco fel ffŵl pan gwrddon ni. 'Helô!' wedes i. 'Helô!' wedodd e, gan wenu'n nerfus. 'O't ti'n nerfus am heddi?' ofynnes i. 'Nerfus?' wedodd e. 'Dwi ddim wedi stopo meddwl am y peth!' 'Na finne chwaith!' wedes i, gan ymuno yn y smoco – ro'n inne'n smoco fel trŵper bryd hynny hefyd. Alla i weud â'm llaw ar fy nghalon, o'r funud gwrddes i ag Ifan, dim ond gwaith swmpus, hwyl a llwyddiant o'dd ar yr agenda. Ma' Ifan yn berson hynod o ffein. Fe alla i ei ffono fe unrhyw amser, ac fe gawn ni sgwrs am dipyn o bopeth sy'n digwydd yn ein bywyde, ac yna siarad am beth bynnag ydi'r prosiect yr 'yn ni'n dau'n gweithio arno fe. Hyd yn oed os nad yw Ifan adre, caf air 'da Dilys ei wraig, sy'n deall Ifan i'r dim ac yn gefnogol iawn iddo fe.

Ma' Ifan wedi'n annog i i neud mwy o gomedi, ac i fod yn bersonoliaeth ar y sgrin a'r radio. 'Ti'n *funny*, ti'n 'bod!' medde fe sawl gwaith. 'Be ti'n feddwl?' fydde'r ateb gen i. Yna fe fydde fe'n egluro'n drwyadl iawn beth o'dd yn neud iddo fe chwerthin, ac wrth i ni sgwrsio am y peth, yn magu hyder yno' i i roi cynnig arni fel diddanwr. Felly, Ifan, dyma 'big thenciw' i ti fan hyn!

Fe recordion ni nifer o raglenni *Ma' Ifan 'Ma* yn fyw o fla'n cynulleidfa yn Theatr y Werin, Aberystwyth, a dyna ble ganwyd y cymeriade 'Mam a Tomi'. Cyn i ni fynd ar y llwyfan am y tro cynta fel y cymeriade yma, dwi'n cofio stryglo gyda cymeriad 'Mam' – methu'i chael hi i weithio. Ro'n i'n chware ar nerfe pawb, yn newid fy sgidie sawl gwaith, rhoi sgarff ar fy mhen – dries i bopeth i'w chael hi i weithio. Ro'n i *mor* grac â'n hunan, ac yn llefen dros y ffôn gyda nghariad i ar y pryd ac yn gweud mod i'n ffaelu cael gafael ar y cymeriad. Dwi'n meddwl bod Ifan a Huw Jones yn dechre cael llond bola ohona i'n trio popeth i gael y cymeriad yn iawn. 'Fyddi di'n iawn!' medde Huw. Rhaid diolch iddo am ei amynedd – achos ro'dd e'n berffaith iawn!

Cyn mynd ar y llwyfan fel 'Mam' beth wnes i yn y diwedd ond rhegi a gweud, 'Let's go, Joe!'– un o hoff ddywediade Dad wastad! Gan fod cymaint o ofn cymeriad 'Mam' arna i, fe ddaeth hi drosodd o fla'n y gynulleidfa yn eitha *aggressive*. Ro'n i'n teimlo fod rhywbeth arall wedi cymryd drosodd ar y llwyfan – bod bywyd eu hunen 'da'r cymeriade 'ma, a'u bod nhw ond wedi dod yn fyw o fla'n cynulleidfa. Ro'dd e'n brofiad rhyfedd. Ro'n i'n gallu teimlo'r *buzz* yn yr awyr, ac ro'dd Ifan Gruffydd yn *hit* gwirioneddol. Bu Euros Lewis yn rhan annatod o'r holl beth hefyd, a gweithio gyda John Pierce Jones hefyd yn bleser pur. Ro'dd e'n gyfnod eithriadol o hapus.

Dwi wedi neud sawl *Noson Lawen* i S4C. 'Mam a Tomi' o'dd yn perfformio ar y dechre, ond gydag amser, gofynnodd Hefin Elis i mi neud y fam ar 'y mhen fy hun – heb Tomi. Bu bron i mi wrthod, achos ro'dd gormod o ofn arna i neud y cymeriad ar 'y mhen fy hun. Penderfynes roi enw iddi – Mrs Olwen Tegwen Tomos, Mrs OTT! Ffeindes i ei fod e'n ffordd wych o ddelio â chynulleidfa – i neud hynny trwy gymeriad arall. Fe ddaeth hyn yn rhwydd, a gydag amser fe ofynnwyd i mi gyflwyno un rhaglen fy hunan. Toni Caroll a Mair o'r Parc o'dd y merched cynta i neud hyn, a hynny flynyddoedd yn ôl. Dwi'n mwynhau'n arw. Mae'r gynulleidfa wrth eu bodd pan 'ych chi'n neud camgymeriad, a dwi wrth fy modd yn trio dod mas o dwll – mae e'n gallu bod yn lot o sbort. Pwy feddylie bydde Mrs OTT yn rhan mor bwysig o mywyd i yn y blynyddoedd wedi hynny – ac yn dal i fod. Mae wedi helpu talu'r morgais!

Brian Malam, Irene Lucas, Judith Jones a Cissian Rees ydi'r rhai, yn fwy na neb, sy wedi'n helpu fi i greu gwisgoedd a delwedd Mrs OTT a chymeriade er'ill dros y blynyddoedd – ma' nhw wedi bod yn allweddol. Pan fydda i'n perfformio mewn cyngerdd, mi fydd un o'r rhain ar gael bob amser i roi help llaw. Ma' nhw'n werth y byd, ac ma' lle mawr 'da fi i ddiolch iddyn nhw.

Sipsi yn y gwaed

Dros y blynyddoedd, dwi wedi byw mewn llawer lle gwahanol. Ar ôl symud fflat dair gwaith pan o'n i yn y coleg, es i rannu tŷ gyda Phil Rowlands, yr actor a'r ysgrifennwr, a'i gariad a dau fyfyriwr arall – yn Kimberley Road yn y Rhâth. Ar ôl hynny, rannes i fflat 'da'r ddawnswraig Rosemary Ward (fel sonies i'n barod), cyn byw mewn *bedsit* am flwyddyn yn Claude Road. Cyfnod erchyll o'dd hwnnw yn Claude Road – gwmpodd corryn mawr ar fy ngwyneb o'r nenfwd, a sgreches i ar dop fy llais! Driodd rhywun ddringo i mewn drwy'r *bay window* hefyd un tro, ond hales i ofn arno trwy ddefnyddio llais isel, cryf, fel dyn. 'Who's there?' wedes i, yn swnio fel cawr mewn pantomeim. Ma' fe'n llais dwi'n gallu ail-greu'n eitha rhwydd. Weithiodd e, a redodd y boi bant! Jwmpes i mewn i gar Panda polîs yn fy ngŵn nos a chardigan, a thrio ffeindo'r boi 'ma – am dri o'r gloch y bore!

Ar ôl hynny, es i i fyw i Richmond Road yn y Rhâth. Ro'dd ystafell 'da fi yn nhŷ Nick a Kath Goding – fe'n rheolwr lleoliade a hithe'n actores. Bu sawl actor yn byw yno, ac ro'n ni i gyd yn mynd draw i'r Fairview i gael diod yn hwyr y nos, ac yn aros lan tan chwech y bore weithie. Ro'dd pob siort o bobol yn aros yno. Dwi'n cofio, un tro, siarad 'da menyw o'dd yn aros yno am fod ei gŵr yn ei churo hi drwy'r amser. Peth ofnadwy, ond ro'n i'n ddiniwed iawn bryd hynny a fues i'n siarad â hi drwy'r nos, yn trio'i helpu hi. Ro'dd e'n gyfnod gwyllt iawn.

Es i mla'n i fyw i May Street wedyn, mewn tŷ yn llawn cerddorion. Ro'dd hwn yn gyfnod grêt i mi, achos ro'n nhw'n chware cerddoriaeth wych yn uchel iawn, a neb yn cwyno. Yn anffodus, bu farw Rob, un o'r cerddorion, yn sydyn iawn yn ddim ond chwech ar hugen oed, ac ro'dd honna'n ergyd inni i gyd.

Es i 'nôl i fyw i Lanbed am sbel wedyn ac, ar ôl hynny, penderfynu prynu tŷ. Symudes i i Vista Rise yn Llandaf yn 1984, a dechre, yn ara bach, gymryd cyfrifoldeb. Nia Ceidiog, o'dd yn actio yn *Pobol y Cwm* ar y pryd, anogodd fi i brynu tŷ, ac ro'dd ei chefnogaeth hi yn help mawr imi ar y pryd. Ro'n i newydd orffen gweithio ar *Pobol y Cwm* – gwaith o'dd yn gyson, gyda thâl bob wythnos. Ond ro'n i'n dri deg un oed, ac yn barod am y cyfrifoldeb. Dyna beth o'dd ffydd yn y dyfodol! Dwi'n cofio talu dwy fil o bunnoedd fel blaendal am y tŷ, a phan o'n i yn y banc yn arwyddo, ro'dd tacsi tu fas i'r adeilad yn aros amdana i rhag ofn i fi gael pwl o banig!

Diolch fyth, do'dd dim ishe i fi boeni. Ddwedodd Mr Vincent Evans, fy nghyfreithiwr, y bydde popeth yn iawn – do'dd dim syniad 'da fe faint o help o'dd gair o gysur felly ar adeg pan o'n i angen ei glywed. Dwi'n gwbod fod hyn yn swnio'n ddramatig, ond do'dd 'da fi neb i'n helpu i drwy hyn – do'n i ddim mewn perthynas ar y pryd, ac ro'n i'n neud hyn i gyd fy hunan. Ond ro'n i wedi dechre derbyn y ffaith mai ar fy mhen fy hun y bydden i, falle, o hynny mla'n, felly ro'dd rhaid neud rhywbeth adeiladol.

Yr unig bethe o'dd 'da fi wrth symud i mewn i'r tŷ bach iawn yma o'dd bord dair coes (o'dd wedi dod o Ffairfach, lle ganwyd fy mam), ffôn, un planhigyn, gwely'n plygu lan, ac, wrth gwrs, dillad.

Ro'dd hi braidd yn unig ar y dechre, ond ro'dd Tomos John y gath yno hefyd, felly ro'dd cwmni 'da fi! Fues i'n hapus iawn yn y tŷ am ddeng mlynedd, a daeth partner i fyw 'da fi yno ar ôl tipyn. Fe dda'th mwy o gathod ata i hefyd – Matholwch, Bendigeidfran, Non a Tonto. Ro'dd Math, Ben a Non yn byw rownd y gornel yn nhŷ Janet Williams, o'dd yn gyfreithiwr, ac fe ddethon ni'n dwy'n ffrindie drwy'r cathod – ni o'dd yr unig rai yn ein stryd ni o'dd yn dwlu ar gathod. Ro'dd chwech 'da hi, a Tomos John 'da fi! Y cathod benderfynodd bo ni'n ffrindie, achos fe ddechreuon nhw ddod draw ata i hefyd – mae cathod a chŵn yn synhwyro os 'ych chi'n lico nhw. Y tro diwetha glywes i gan Janet o'dd llythyr a llun i weud ei bod hi wedi priodi ac wedi symud i'r Affrig, a bod 'da hi ddau o blant. Dwi mor falch ei bod hi'n hapus; fuodd hi'n garedig iawn wrtha i yng nghyfnod 'Vista Rise'.

Feddylies i erio'd y byddwn i'n symud o leia ddwywaith wedyn! Ro'dd yr ail dŷ brynes i rownd y gornel, dafliad carreg o'r llall. Fues i'n byw yno am tua dwy flynedd cyn i gymdogion newydd symud mewn drws nesa. Dyna pryd cwrddes i â Sue, Lawrence, James ac Olivia – cymdogion newydd ifanc, a chymdogion grêt eto! Ddethon ni'n ffrindie mawr, ac ro'n i'n cael lot o sbort gyda James, un o'r plant, a Luke ei ffrind; ro'n nhw lan i ryw ddrygioni o hyd – rhedeg rownd yr ardd, dringo'r goeden o fla'n y tŷ. Ambell dro, ro'n i'n siarad mewn acenion gwahanol er mwyn eu diddanu. Ro'n nhw wrth eu bodd yn dod mewn i chware 'da Cassie'r ci, a'r cathod, a finne'n dwlu'u gweld nhw'n dod.

Mae Mick a finne wedi bod yn byw ym Mro Morgannwg

ers bron i bedair blynedd bellach, a bob mis Mai, r'yn ni'n cael cathod bach – yn llythrennol! Mae Jeremi Cockram wedi cael un; Branwen Gwyn wedi cael un, a Gwenda Owen wedi cael dwy, a'u galw'n Gillian ac Elisa! Ma' anifeiliaid wedi bod yn rhan bwysig o mywyd i. Ma' rhyw anifail neu'i gilydd wedi bod 'da fi erio'd, a dwi'n meddwl y byd ohonyn nhw i gyd. O bosib, gan mod i heb gael plant, mai'r anifeiliaid sy'n cael fy sylw penna. Mae pob un yn gymeriad annwyl, ac wedi bod yn rhan annatod o fy siwrne i ffeindo mas pwy ydw i. Ma' nhw wastad 'na pan 'ych chi'n teimlo'n isel, ac yn rhoi'r croeso gore gewch chi byth pan 'ych chi'n cyrra'dd sha thre.

Pan o'n i'n ferch fach, enw'r gath gynta ges i o'dd Felix. Yna daeth Sugar Puff a Cornflake. Ro'dd Cornflake yn bihafio fel ci, ac yn dilyn Dad lan North Road i'r Railway Hotel pan o'dd e'n mynd am ei beint! Wedyn y daeth Tomos John – gogleddwr ydi e, o Lanarmon-yn-Iâl. (Pan o'n i'n teithio gyda Theatr Crwban, ro'n i'n aros mewn gwesty yno, ac fe ges i'r gath fach gan berchennog y gwesty. Ro'n i'n dwlu ar Tomos – ro'dd e'n teithio 'da fi i bobman, hyd yn oed ar fws Traws Cambria!)

Ar ôl tipyn fe ddaeth Cassie i mywyd i – ci defaid du a gwyn, sy'n ddeuddeg oed nawr ac yn anrheg Nadolig oddi wrth hen gariad. Mae ci arall – Jessie – wedi symud mewn 'da ni hefyd. Anrheg Nadolig o'dd Jessie i'r plant drws nesa, ond fe synhwyrodd hi'n go glou fod ein tŷ ni fel 'Animal Farm', gydag anifeiliaid yn rheoli'r tŷ, ac fe ddaeth hi i fyw 'da ni a'r cathod – Sbotyn Bach, Seb, Musk, Twsh a Treacle. Mae Twsh a Sbotyn Bach wedi'n gadel ni erbyn hyn, ynghyd â Sioned Fach a Twm Sion Cati, ond mae Shilpa (merch Sioned fach) newydd gael cathod bach, ac r'yn ni wedi cadw un ohonyn nhw! Fedclma yw ei henw hi, ac ma' hi'n bert ofnadwy. Enwe Cymraeg sy 'da 'nghathod gwreiddiol i, ond enwe Saesneg sy gan y rhai sy wedi penderfynu symud mewn aton ni!

Ma' ci bach arall wedi ymuno 'da ni'n ddiweddar. Mishka yw ei henw hi. Ma' hi'n flwydd oed, ac ma' hi wedi ffito mewn yn rhwydd 'da'r trŵps. Croesiad rhwng 'Shetlie' a King Charles Cavalier yw hi, ac ma' hi'n annwyl dros ben. Dwi'n meddwl ei bod hi braidd yn seicig, achos ma' hi'n edrych reit i fyw fy llygaid i weithie, a chyfarth i'r awyr, fel 'sa hi'n gweld rhywun arall yn yr ystafell. Anti Joan, efalle!

Canu

Fel y sonies eisoes, bues i'n rhan o grŵp Graffia yn ystod y saithdege hwyr. Ro'dd canu wastad wedi bod yn rhan fawr o mywyd i. Gwnes fy nghryno-ddisg gynta yn yr wythdege – *Rhywbeth yn y Glas* – gan mod i wedi dechre casglu cymaint o ganeuon, ac ro'n i'n meddwl falle bydde fe'n syniad i gael cofnod ohonyn nhw.

Es at gwmni Fflach yn Aberteifi, at Richard a Wyn Jones, o'dd yn barod iawn i gynnig syniade. Fan'na gwrddes i â Gwenda Owen, pan o'dd hi'n neud un o'i halbwms cynta, ac fe ddethon ni'n ffrindie yn syth. Ma' Gwenda â'i thraed ar y ddaear, ac yn fwy caredig na bron unrhyw un dwi wedi'i gwrdd. Dwi wrth fy modd yn cael sgwrs a dishgled 'da hi! Mae hi'n un o'n perle yn y busnes 'ma, ac wedi helpu llawer o bobol i ddelio 'da cancr y fron. Mae wedi bod yn hyfryd gweithio 'da hi a'i merch, Geinor Haf; recordion ni'n tair y gân 'Gyda'n Gilydd' ar fy CD ddiweddara.

Ces i'r fraint hefyd o weithio 'da Brychan Llŷr. Ma'i gerddoriaeth a'i farddoniaeth e'n ddyfeisgar tu hwnt. Ofynnes i iddo fe greu cân o'dd yn adlewyrchu'r man o'n i ynddo yn fy mywyd ar y pryd; tafles syniade tuag ato, a dyna shwd crëwyd y gân 'Rhywbeth yn y Glas'. Ro'n i'n teimlo fod hon yn gân theatrig iawn, ac fe ges yr anrhydedd o'i chanu fel cân agoriadol yn un o sioee Bafta yng Nghaerdydd. Stifyn Parri ofynnodd i mi neud hynny. Daeth dawnswyr Jo's Heatwave 'da fi i lenwi'r llwyfan 'da dawns

– o'dd yn Geltaidd ac yn fodern ar yr un pryd. Ro'n i wedi gwisgo fel Gwenllian, y dywysoges Geltaidd – gyda wig ddu a phlethi ynddo fe. Ro'dd e'n deimlad grêt, achos do'dd neb yn fy nabod i.

Yn yr albwm gynta 'na hefyd yr o'dd y gân 'Caribî'. Sgrifennes i honno ar fy ffordd 'nôl o'r ffilmo ym Mecsico. Ro'dd y gerddoriaeth gan Graham Land wedi'i neud eisoes, a jest mater o sgrifennu'r geirie o'dd hi i fi. Digwyddodd yr un peth 'da 'Teimlad Braf'. Ro'dd hwn yn gyfnod o gael syniade a sgrifennu caneuon, ac ro'n i'n cael f'ysbrydoli drwy'r amser.

Ces gymaint o flas ar neud y CD fel mod i'n awyddus i neud un arall, a gofynnes i Brychan Llŷr gyfansoddi cân arall; ro'n i'n teimlo'i fod e'n dod â lwc i fi! Sgrifennodd e 'Haul ar Nos Hir', ddaeth yn gân deitl i'r albwm, a'r tro hwn Geraint Cynan o'dd y cynhyrchydd. Ro'dd mwy o thema sioe gerdd yn y CD yma.

Yna, i ddathlu mhen blwydd yn hanner cant, trefnes i neud CD 'da gwahanol berfformwyr ro'n i wedi gweithio 'da nhw dros y blynyddoedd. Golygai hyn gydweithio 'da amryw o gerddorion, cynhyrchwyr, a pheirianwyr dros Gymru, felly ro'n i'n gorfod teithio lot – lan i stiwdio Siân James yn Llanerfyl; stiwdio Geraint Griffiths yng Nghaerfyrddin; Stiwdio'r Efail – stiwdio Myfyr Isaac – yn y Fro; stiwdio Sonic One yng Nghydweli gyda Tim Hammill; stiwdio Hywel Maggs yng Nghasnewydd, a stiwdio Carl Simmonds, Pinewood Audio, ym Mhont-y-pŵl. Trwy neud hyn, ro'n i'n cael gwahanol brofiad o recordio bob tro.

Cymrodd bron i ddwy flynedd i gael popeth at ei gilydd – llawer iawn o waith, ond gwerth pob nodyn! Unwaith eto, ces gân gan Brychan, y tro 'ma'n gyfuniad o ddrama, angerdd a gwres America Ladin – 'Geiriau o wely pryderon' – o'dd yn siwtio Shân Cothi a finne i'r dim. Ddwedodd Myfyr Isaac, a gynhyrchodd y gân, iddo deimlo fel petai mewn arholiad wrth roi'r cyfan at ei gilydd. Gwnaeth jobyn wych ohoni, ac ro'n i'n teimlo mod i'n gwrando ar ffilm epig pan glywes i hi'r tro cynta.

Geson ni noson ffantastig pan lansiwyd yr albwm. Ro'dd Judy a Clive Williams, ffrindie da i fi, wedi cynnig y gallen ni ddefnyddio'r adeilad tu fas i'w tŷ nhw – Tŷ Pencoed, o'dd fel hen gapel. Ro'dd yr awyrgylch yno'n hudolus. Ro'dd Judy wedi trefnu bod rhyw fath o lwyfan, byrdde a blode Nadoligaidd yno. Myfyr Isaac edrychai ar ôl y sain, a Colin Jones ar ôl y goleuade – *top men*! Daeth criw i'r lansio: Gwenda Owen, 'da cân a sgrifennodd ar y cyd 'da Emlyn Dole yn arbennig i'r CD; Emyr Wyn (a'i stand miwsig posh!); Heather Jones, ganodd 'Lawr y Lein' (cân deitl y CD) yn wych; Karen Elli, ganodd 'Weli Di' gan Heulwen Thomas; a Sioned Mair a Siân James gyda'u lleisie Celtaidd hyfryd. Ro'dd gen i syrpréis i bawb hefyd – ro'dd Peter Karrie wedi cytuno i ddod. Cuddies i e mewn stafell gyfagos a, chware teg, fuodd e'n gwd sport, achos fuodd e 'na am sbel hir cyn ymddangos, ond mi gododd e'r to. Ro'dd hi'n noson fythgofiadwy.

Ces ddau barti hefyd i ddathlu mhen blwydd yn hanner cant! Un tawel yn yr Angel yn Salem, Llandeilo, ar gyfer y teulu'n benna, ac un mawr swnllyd yn y 'Wharf', Caerdydd, i bawb o'n i'n nabod, fel petai. Ro'dd e'n gyfle i weld llawer o bobol o'n i heb eu gweld ers talwm. Sgrifennodd Gareth Lewis benillion ar gyfer yr achlysur, ac mi ddyfynna i ddau ohonyn nhw:

Yn un fywiog, lygatfrown, y'l ganed;
Mae'n gorwynt o ferch, mas o Lanbed.
  Pwy gredai y si
  Fod Gillian fach ni
Yn dathlu 'i hanner canfed?

O'r doniol a'r hwyliog i'r dwysa,
Does wybod beth ddwedith hi nesa;
  Mae'i thalent a'i lap
  Yn byrlymu fel tap –
Pen blwydd hapus i Gillian Elisa!

Ac medde Emlyn Dole:

Gyda Gillian Elisa ar ddiwrnod o haf
Fe ymunwn i ddathlu pen blwydd,
Ac wrth ddiolch am freintiau ei chwmni braf
Fe godwn ein gwydrau yn rhwydd.
A boed ei dyfodol yn llwybr clir
A'i seren yn ddisglair o hyd;
Boed byth ar ei chyfyl na phwysau na chur,
Ac iddi dymunwn y byd.

Ma' gen i atgofion melys iawn o'r noson, ond tristwch hefyd
o sylweddoli bod ambell un o'r ffrindie wedi marw erbyn
hyn – yn eu plith yr annwyl Gwenda Povey a Tich Gwilym.

Dad

Yn 1993, ro'n i newydd roi fy nhŷ cynta ar y farchnad, ac o fewn wythnos ro'dd rhywun ishe'i brynu. Ro'dd Dad yn yr ysbyty yn Glangwili, Caerfyrddin, a bu'n rhaid i mi ofyn i'r prynwr a fydde hi'n fodlon aros tipyn oherwydd bod salwch yn y teulu a, chware teg, mi gytunodd hi. Ro'dd rhaid i mi ganolbwyntio ar Dad, a'i roi e yn gynta.

Ro'dd Dad yn dioddef o ganser, a chafodd ei daro'n wael ar ei ben blwydd yn saith deg pump oed, ar Hydref 27, 1993. Ro'n i ar ganol ffilmo *Yr Heliwr/A Mind To Kill* pan ges i alwad ffôn yn gweud fod Dad yn dost. Ro'dd poene drwy'i gorff i gyd, ac fe ofynnes iddo fe sawl gwaith pa fath o boene o'n nhw, a'r ateb bob tro o'dd, 'Fi ddim yn *gwbod*, Gillian!' Mi bacies i mag, a mynd yn syth lan i Lanbed.

Pan gyrhaeddes i Merlin, ro'dd golwg lipa ar Dad – ro'dd e wedi heneiddio, ac wedi mynd yn llai o faint rywfodd. Ro'dd hi'n amlwg ei fod e wedi colli tir. Fe ddaeth rhyw don o dristwch drosta i. Yn rhyfedd iawn, do'dd dim gwaith ffilmo 'da fi; dim ond wythnos o waith o'dd ar ôl ar y bennod honno, a do'n i ddim yn dechre 'nôl tan y flwyddyn newydd. Ro'n i'n gallu treulio amser 'da Dad – ro'n i ishe bod yno i'w helpu. Fe o'dd yn bwysig nawr.

Aeth Tachwedd heibio'n glou iawn, ond ro'dd Dad yn gwaethygu. Ro'dd rhaid mynd ag e i'r ysbyty, achos erbyn hyn do'dd e ddim yn gallu bwyta. Fuodd e yn Ysbyty Glangwili tan y diwrnod cyn y Nadolig. Gofynnwyd i mi fynd i mewn i'r ystafell yn yr ysbyty i gael sgwrs. Ro'n i'n synhwyro bod rhywbeth mawr o'i le, a gofynnodd y doctor i mi eistedd. Hi ddechreuodd y sgwrs trwy weud, 'Your father has cancer in the pancreas, and it's spreading rapidly'. 'Does that mean it's terminal?' ofynnes i – fel 'sen i'n deall y pethe yma. 'Yes!' medde hi. 'How long has he got . . . ?' ofynnes i'n ofnus. 'Well, it could be days, weeks, months.' Ar y pwynt yma, deimles i fel rhedeg mas a sgrechen. Gofynnodd hi a o'n i'n iawn, a medde fi, 'I just need a moment, and I'll be fine!' Ond fel o'dd hi'n cychwyn am y drws, dyma fi'n gweud, 'Wait a minute! I'm *not* all right – I'm trying to control my feelings before seeing my father. So sorry. You've got a tough job having to break bad news to people, and thank you for telling me that way. I could never be a doctor.'

Erbyn hyn, ro'n i wedi colli rheolaeth ar fy nheimlade ac yn llefen. Mi arhosodd 'da fi nes mod i'n teimlo'n well. Wyddwn i ddim shwd i wynebu Dad, ond ddaeth rhyw nerth o rywle. Pan gyrhaeddes y ward, ro'dd e'n eistedd ar ochr y gwely 'da'i het yn edrych yn gomig ar ei ben, yn barod i fynd sha thre. Rois i wên fach iddo fe. Gofynnes am gadair olwyn, ac o'n i jest ishe'i roi e ynddi'n glou, er mwyn i fi gael mynd tu ôl iddi i guddio'n wyneb a nheimlade oddi wrtho. Fel actores, ma' rhywun yn dysgu delio gyda emosiyne bob dydd, ond aeth y ddisgyblaeth honno mas drwy'r ffenest yn Ysbyty Glangwili.

'Smo fi'n gwbod shwd ddreifes i 'nôl i Lanbed y noson honno. Ro'dd Dad wedi gofyn i fi fynd 'nôl drwy Bencader – 'am *change*' – ac er mod i wedi dreifo ar hyd y ffordd yna ganwaith, golles i'r troad! Gyniges i fynd yn ôl, ond o'dd dim ots 'da Dad. 'Sori, Dad,' wedes i, 'dwi jest ishe mynd â

157

chi sha thre yn saff.' Yn fwy na dim, ishe cloi fy hun yn fy stafell wely o'n i, i gael llefen yn iawn mewn i'r gobennydd.

'Dyma'r Nadolig mwya emosiynol dwi erio'd wedi cael,' medde Dad, ar ôl iddo gael ei ginio Nadolig. Fe fwytodd e'r bwyd i gyd, hefyd, chware teg iddo fe, ond fuodd e'n dost ymhen rhyw awr wedyn ac yn edrych yn ofnadwy. Ro'dd Alun a finne'n sensitif iawn tuag ato – yn trio'n gore i'w blesio, ac yn galaru wrth ei weld e'n gwaethygu.

Ar nos Galan 1993, ro'dd fy ffrindie, Sue Roderick a Dafydd Hywel, yn perfformio yn y Grannell yn Llanwnnen. Wedes i wrth Dad mod i'n mynd lawr i'w gweld nhw, ond fydden i 'nôl erbyn hanner nos. Do'n i ddim mewn cyflwr i weld neb, mewn gwirionedd, ond fe berswadiodd Dafydd a Sue fi i fynd, imi gael hoe fach. Ma'n anodd ymlacio ar adege felly. 'Peidiwch â bod yn hwyr, nawr,' wedodd Dad wrth i mi gychwyn mas. Fe ddes i 'nôl fel ro'dd hi'n taro deuddeg, a Dad yn gofyn, 'Ble chi 'di bod?' fel yn yr hen ddyddie! Ro'dd tot fach o Guinness yn ei law, a dyma fe'n gweud wrth Alun a fi, 'Ce'wch i nôl drinc, y ddau ohonoch chi!' Gododd e ei wydr ei hun a gweud, 'Blwyddyn Newydd Dda i chi'ch dau.' Ro'dd e'n edrych mor falch ei fod e wedi para drwy'r Nadolig. O'i nabod e, do'dd e ddim ishe sbwylio'r Ŵyl i ni. Ro'n i'n edmygu'i ddewrder.

Drannoeth, galwodd Dafydd Hywel i weld Dad, chware teg iddo. Ro'dd Dad yn dwlu arno fe'n actio – 'yr actor gore'n y byd' o'dd Dafydd yn ei farn e! 'Ma' fe'n gallu dangos teimlade dwfn ar y sgrin – galle fe fod yn Hollywood,' fydde Dad yn weud amdano. Dwi'n ddiolchgar dros ben i DH am ddod i'w weld e yn ei ddyddie ola.

Ro'dd Dad yn gwaethygu bob dydd. Alwes i'r doctor eto, ond wedodd Dad nad o'dd e ishe mynd 'nôl i Gaerfyrddin.

'Wel, beth am Aberystwyth, 'te?' wedes i, fel 'se hynna'n mynd i neud unrhyw wahaniaeth! Ro'dd y dyfodol yn edrych ac yn teimlo fel anialwch.

Cytunodd yn y diwedd i fynd i Ysbyty Bronglais yn Aberystwyth. Ro'dd pacio'i fag e'n broses drist ofnadwy y tro 'ma, a theithio lan i Fronglais yn brofiad emosiynol iawn. Eirwyn, drws nesa, o'dd yn dreifo'r ambiwlans, a bu e a Dilys yn graig o nerth i fi.

Ar y deuddegfed o Ionawr, 1994, bu Dad farw. Wn i ddim a ydi rhywun yn gallu synhwyro pethe fel hyn, ond ro'n i'n gwbod y diwrnod hwnnw ei fod e'n mynd i'n gadael ni.

Fel ro'n i'n trefnu'r angladd, ces alwad o swyddfa gynhyrchu *Yr Heliwr/A Mind To Kill*, yn gofyn allen i ddod 'nôl i Gaerdydd am *read through* ar y 18fed o Ionawr. 'Iawn,' wedes i. 'Dwi'n gwbod mod i ddim wedi siarad â chi am sbel, ond mae angladd fy nhad ar yr 17eg o Ionawr.' Do'n nhw ddim am i fi ruthro 'nôl drannoeth yr angladd, ond wedes i mod i *ishe* dod 'nôl. Dyna'r peth gore allen i fod wedi'i neud – mynd syth 'nôl i ngwaith. Dyna beth fydde Dad wedi mo'yn i fi neud, ac ro'dd Alun fy mrawd yn deall yn iawn.

Mi geisiodd Alun a finne fod mor urddasol â phosib drwy'r angladd – ro'n ni wedi bod yn y sefyllfa yma o'r bla'n 'da Mami, yr holl flynyddoedd hynny yn ôl. Delyth, y Pantri, edrychodd ar ôl y lluniaeth inni yn angladd Dad. Alla i byth ddiolch digon i'r teulu, cymdogion a'r ffrindie am eu caredigrwydd yn ystod y cyfnod anodd yma – llawer gormod ohonyn nhw i mi allu eu rhestru yma. Lle felly yw Llanbed o hyd.

Drannoeth, es i 'nôl i'r gwaith – 'nôl i neud y gyfres dditectif *Yr Heliwr/A Mind to Kill*.

159

Bywyd yn mynd yn ei fla'n

Mi deimles yr unigrwydd mwya ofnadwy am ryw bum mlynedd ar ôl colli Dad. Ro'n i'n byw ar 'y mhen fy hunan yn Llandaf mewn tŷ eitha mawr, a do'n i ddim hyd yn oed yn gwbod fydden i'n gallu cynnal fy nghartref.

Ro'n i wedi symud i mewn i'r tŷ 'da fy nghariad, ond ar ôl blwyddyn fe benderfynodd e symud mas. Ro'dd e wedi cwrdd â rhywun arall, ac ro'dd e am fynd yn ôl i'r Gogledd. Ro'dd e wedi bod yn gyfnod hapus, ond ma'r pethe 'ma'n digwydd, ac yn digwydd am reswm. Sylweddoles fod raid i mi ddymuno'r gore i nghymar, a dwi wedi taro arno sawl gwaith mewn rhaglenni ac ati, a byddwn yn cael rhyw sgwrs fer – a dyna ni!

Ond, a finne'n ddeugen oed, a newydd ddod mas o berthynas o'dd wedi para deg mlynedd – oes i fi! – do'n i ddim yn gwbod shwd i ymddwyn heb bartner. Ro'n i hefyd wedi colli Dad, a cholli fy Anti Margaret tua'r un adeg. Newidiodd pethe'n llwyr. Daeth Sian Wheldon, yr actores, i aros 'da fi, a bu ei chwmni o help mawr i mi. Ro'dd Sian mor bositif. Mae'n rhyfedd shwd mae'r bobol 'ma'n dod mewn i'ch bywyd, bron heb rybudd, ac yn eich helpu i gario mla'n. Rhoddodd Sian lyfr i mi gan Louisa Hay – un o'r llyfre *self help* 'ma – a wir, fe helpodd hwnna fi'n fawr iawn, a sawl un tebyg ddarllenes i wedyn. Ma' gen i ddiddordeb yn y maes yna, beth bynnag, oherwydd fy ngwaith. Dwi wrth fy modd hefyd yn darllen bywgraffiade a hanes bywyde pobol; dwi'n berson sydd yn sylwi ac yn ymddiddori yn y ffordd mae pobol yn cyfathrebu 'da'i gilydd. Mae seicoleg ac athroniaeth yn fy niddori'n fawr, a bu Dad a finne'n sgwrsio lot am athroniaeth cyn iddo fe farw.

Flwyddyn ar ôl colli Dad, ces gynnig rhan cymeriad o'r enw Ann, mewn cyfres o'r enw *Y Teulu* gan Siwan Jones. Ifan Huw Dafydd chwaraeai fy ngŵr, a William Huw Thomas o'dd fy nghyn-ŵr. Ro'dd cast cryf iawn ynddi, yn cynnwys Gwenyth Petty, Geraint Morgan, Lisa Palfrey a Mari Emlyn. Mi enillodd hi'r ddrama gyfres ore'r flwyddyn honno, a chafodd Emlyn Williams o'dd yn cyfarwyddo'r ddrama a finne'n nomineiddo ar gyfer Bafta Cymru fel y cyfarwyddwr gore ac un o'r actorese gore. Ffaeles i edrych ar y gyfres pan gafodd ei darlledu – ro'dd hi mor drist. Daeth cwpwl o ffrindie ata i ar noson y Baftas, a gofyn o'n i wedi neud llawer o ymchwil ar gyfer y rhan (ro'dd fy nghymeriad i'n marw o ganser). 'Na,' o'dd f'ateb i – ac esbonio mod i newydd gael profiad personol o ganser. Weithie 'ych chi'n teimlo bod rhan yn eich ffeindo chi, ac i fod i chi, a dyna ddigwyddodd gyda'r rhan yma. Yn y clyweliad, gofynnodd Pauline Williams, y cynhyrchydd, ac Emlyn Williams i mi ddarllen yr olygfa lle ro'n i i fod i lefen. Mi wnes, a wedodd Pauline, 'I'll buy that!', ond gofynnodd Emlyn am un tro arall. 'Beth?' feddylies i. Ond, wrth edrych yn ôl, fe o'dd yn iawn. Ro'dd Emlyn ishe gweld allen i ail-greu hynny dro ar ôl tro. Mi wnes yr olygfa unwaith eto, a llwyddo i ail-greu'r teimlad a'r llefen, ac mi ges i'r rhan.

Hwb a chefnogaeth

Fel dwi wedi sôn eisoes, dwi wedi bod yn lwcus bod pob math o bobol wedi bod yn rhan o mywyd i dros y blynyddoedd, yn deulu, ffrindie a chyd-actorion – a nifer o'r cyd-actorion wedi dod yn ffrindie agos. Fydde ishe llond silff o lyfre i'w henwi i gyd, ond fe gyfeiria i'n benodol at rai yn unig.

Mesach Jones

Ro'dd perfformio ac actio ar y ddwy ochr o'r teulu. Ro'dd fy nhad-cu, Mesach Jones (Ffairfach) – tad Mami – yn fardd. Ma'r gadair enillodd e yn Eisteddfod Rhydaman 1923 gen i yn y tŷ 'ma, ac ma'r sgrifen ar dop y gadair hyfryd yn gweud, 'Goreu Dawn, Deall'. Fasen i wrth fy modd, ryw ddiwrnod, yn cael cyhoeddi ei farddoniaeth. Pan ddaeth Mick, fy nghariad, i nhŷ i'r tro cynta, eisteddodd yn y gadair. Dyw e ddim wedi neud hynny byth wedyn, achos wedodd e ei fod e wedi cael rhyw deimlad rhyfedd yn y gadair y tro hwnnw – fe ddwedodd iddo deimlo presenoldeb fy nhad-cu! Ma' Mick a finne wedi bod 'da'n gilydd byth ers hynny!

Ro'dd fy nhad-cu'n edrych ar ôl y rheilffordd yn Ffairfach. *Signalman* o'dd e. Cafodd ddamwain ar y rheilffordd a cholli un rhan o'i goes. Bu'n arwain nifer o gyngherdde yng Nghapel y Tabernacl, ger y rheilffordd, a bu'n feirniad sawl tro ar yr 'Amrywiaeth' – noson o adloniant, digon tebyg i Noson Lawen. Ro'dd e'n gymeriad hoffus, ond dwi wedi etifeddu o leia un o'i ddiffygion ac o leia un o'i rinwedde – ro'dd e'n ddyn ffyddlon i'w air, ond wastad yn hwyr ym mhob man! (Dwi'n dda iawn yn hynny o beth pan mae'n dod i ngwaith – fy mywyd personol i sy'n cymryd y sedd gefn!)

Anti Lyn

Ro'n i mewn cyngerdd codi arian yn Llanymddyfri un tro, a thra o'n i'n mynd drwy mhethe, ro'dd Anti Lyn a'i ffrind, Mrs Lilian Powell, yn eistedd ddwy res o'r bla'n – yn joio, 'da'u bagie llaw ar eu côl ac yn sugno *imperial mints* ac yn gwrando ar bob treiglad!

Ar ddiwedd y noson, ro'n i'n parablu mla'n (fel fydda i), ac yn gweud wrth bawb am roi arian yn y bwcedi casglu ac ati, pan ddales i lygaid fy modryb. Wedodd Anti Lyn – *heb* siarad, ond trwy symud ei cheg fel Les Dawson – 'Finish now!' Ro'n i ffaelu credu beth o'dd hi'n weud, felly wedes i'n ôl, 'Pardon?' Wedodd hi eto, 'Finish now!' – ond y tro 'ma, ro'dd ganddi damaid bach o lais. Mi glywodd hi'i hunan yn ei weud e, a chwerthin yn uchel. Wedes i wrth y gynulleidfa, 'I've got to finish now – I've been told by my Auntie to do so!' (Cyngerdd dwyieithog o'dd e.) A medde fi wedyn, 'I'm *not* Finnish – I'm Welsh!'

Ro'dd Anti Lyn wedi bod draw i Ganada gwpwl o weithie, achos ro'dd perthnase 'da ni yno – Anti Iris, ac Anti Mercia ac Wncwl Jack a'u pedwar mab. Ces wahoddiad un tro i fynd draw yno 'da Anti Lyn, o'dd yn wyth deg ar y pryd. Dyna'r tro cynta i Anti Lyn a finne fynd ar wylie 'da'n gilydd, ond ro'dd hi ishe gweld Anti Mercia, o'dd ar ei gwely angau.

Ro'dd yn brofiad emosiynol iawn mynd i weld Anti Mercia yn yr ysbyty yn Toronto. Ro'dd hi'n siarad Cymraeg 'da fi, ac ro'dd hi mor falch mod i wedi neud yr ymdrech i fynd draw yno. Bu bron i mi lefen pan wedodd hi, 'Fi wedi bod yn aros amdanoch chi; 'yf fi mor falch bo chi wedi dod i weld fi – fi'n hapus nawr!' Cafodd hyn effaith fawr arna i, fel 'se hi'n gwbod bod ddim lot o amser ar ôl 'da hi, a'i bod hi wedi cadw'i hunan yn fyw nes ei bod hi wedi gweld Anti Lyn a finne.

Geson ni lifft yng nghar Wncwl Jack, gŵr Anti Mercia, o'dd yn wyth deg pump ar y pryd, ac yn dal i ddreifo! Ma' fe nawr yn naw deg saith oed. Ro'n i damaid bach yn betrusgar yn y car 'da fe. Ond ro'dd e'n llawn brwdfrydedd, ac mi wedodd wrthon ni fod Toronto'n lle digon saff, a bod ishe i ni fynd ar y *tube* gan eu bod nhw'n rhwydd iawn, ac yn rhatach na'r tacsis. Gynigiodd e docyn i Anti Lyn achos ei bod hi'n 'octogenarian' fel fe, medde fe, ond bydde'n rhaid i fi dalu. Benderfynon ni felly fynd 'nôl i'r gwesty ar y *tube*, ond achos ei bod hi'n weddol hwyr y nos, do'dd neb na dim yn edrych ar y tocynne, felly benderfynes i y bydden ni'n defnyddio jest tocyn Anti Lyn i fynd drwy'r *turnstyles*! Wel os do fe! Aeth y ddwy ohonon ni mewn trwy'r *turnstyle* 'da'n gilydd, ar yr un pryd, ac aethon ni'n styc. Ro'dd wyneb Anti Lyn ryw fodfedd oddi wrth fy ngwyneb i, a'r ddwy ohonon ni'n panico, ac Anti Lyn yn gofyn, 'Who's idea was this?' Diolch i'r drefn, ddethon ni o 'na'n saff yn y diwedd.

Wnes i fwynhau'r gwylie yng Nghanada'n fawr, ac ro'dd y trip i weld y Niagara Falls yn fythgofiadwy. Aeth Anti Lyn a finne lan mewn hofrennydd! Ro'dd fy stumog i'n troi, a phan wedes i hyn wrth fy modryb, ei hateb o'dd, 'Wel, *dwi*'n "octogenarian" yn mynd lan mewn hofrennydd!' Pedair ohonon ni o'dd yn yr hofrennydd 'da'r peilot, a'r ddwy ddierth wedi cael braw go iawn. Yn anffodus, ro'dd Anti Lyn wedi eistedd rhwng y ddwy, ac wedi colli'r cyfan achos eu bod nhw'n sgrechen mewn ofn! Lwyddes i i dynnu lluniau, a gwir fwynhau'r profiad.

Pan fydd Anti Lyn yn darllen y llyfr yma, mi fydd hi'n agosáu at naw deg dwy oed, ac mae hi wedi gofyn yn barod, 'Chi wedi gweud rhywbeth amdana i?!' 'Ydw,' wedes i. 'Alla i weud bo chi'n smoco o hyd?' Chwerthin nath hi. Dim ond 'occasionally' neu 'on special occasions' ma' hi'n smoco, medde hi – beth bynnag ma' hynny'n ei olygu yn ei hachos hi!

Ma' hi'n gofyn cwestiyne am fy mywyd personol i drwy'r adeg, ac yn gofyn am hwn a'r llall, a finne'n gweud gan amla bod dim cliw 'da fi am bobol er'ill. 'Chi'n *nosey* nawr,' fydden i'n gweud, a'r ateb bob tro yw, 'I'm just naturally inquisitive!' Mae'n symud o'r Gymraeg i'r Saesneg mewn brawddege weithie, heb sylweddoli ei bod hi'n mynd 'nôl a mla'n. (Dwi'n neud hynny weithie hefyd – hen arfer gwael, ond yn gallu bod yn ddoniol weithie pan mae'n digwydd.)

Ma' Anti Lyn nawr mewn cartre preswyl ychydig filltiroedd oddi wrthon ni, ac yn annwyl iawn yn derbyn ble ma' hi – ei phenderfyniad hi o'dd mynd yno. Fe ddaeth hi i fyw 'da ni am sbelen rhyw flwyddyn yn ôl, ac aros 'da ni am bron i flwyddyn, ond do'n i ddim yn gallu rhoi'r sylw *hands on* iddi oherwydd fy ngwaith. Cyniges roi'r gore i'r gwaith er mwyn edrych ar ei hôl hi'n iawn, ond do'dd hi ddim ishe hynny o gwbwl. Pan fydd rhywun yn lolfa'r cartre preswyl yn torri gwynt heb rybudd, bydd fy modryb yn gweud, 'O, 'na chi *involuntary action*!'

Ma' gyda'r henoed eu hiwmor eu hunain, a dwi wedi pigo ambell em oddi wrthi Anti Lyn, credwch chi fi!

Mick a'r plant

Fues i'n lwcus iawn i gyfarfod Mick mor hwyr yn fy mywyd, a finne bron â rhoi'r gore i feddwl am berthynas – gan feddwl mod i lawer rhy hunanol!

Ffotograffydd yw Mick. Ma' 'na lawer o bethe doniol wedi digwydd inni dros y blynyddoedd, a dwi'n meddwl bod y ffaith ein bod ni'n gallu chwerthin 'da'n gilydd, ac ar ben ein gilydd, ymhlith y rhesyme pam r'yn ni'n dal 'da'n gilydd.

Y tro cynta ethon ni ar wylie 'da'n gilydd, ro'n ni mewn pabell fach o'dd i fod ar gyfer dau. Ma' hynny'n eich gorfodi chi i fod yn agos at eich gilydd! Ethon ni i deithio o gwmpas yr Alban, a chael amser gwych – y gwylie gore erio'd. Ro'dd Mick ishe i fi i gwrdd â'i fam a'i dad. Do'n i prin yn ei nabod e, ond unwaith 'ych chi'n gwbod bo chi wedi cwrdd â'r un iawn – wel, does dim troi 'nôl wedyn. Ro'dd gen i wylie o ngwaith, ac ar ôl trefnu 'da chymdogion da i warchod y cathod, a chael Jayne i gadw llygad ar y tŷ, ro'n ni'n barod i fynd.

Ma' Jayne wedi dod yn ffrind agos dros y blynyddoedd – ma' hi'n helpu i lanhau'r tŷ, ac ma' ganddi'r gallu i weld ysbrydion. Ma' hi'n honni ei bod wedi gweld aelode o nheulu, fel Anti Margaret, Mami a Dad o gwmpas y tŷ! Halodd hwnna lond twll o ofn arna i pan wedodd hi hynny gynta ond, erbyn hyn, dwi'n eitha cyfforddus gyda'r syniad – er heb weld unrhyw beth fy hunan. Fe ddechreuodd weld pethe yn yr hen dŷ, a phan symudon ni i'r tŷ yma, ofynnes i iddi, 'Have they come here with us?' 'Yes!' medde hi! Pwy ydw i i'w hame hi? A ma' fe'n neud i fi deimlo'n eitha neis i wbod bod y 'trŵps' o nghwmpas i . . .

Ond 'nôl at y stori! Gwples i'r gwaith am hanner awr wedi chwech, ac ro'dd Mick yn aros amdana i pan gyrhaeddes i gartre – ro'n ni wedi paco'r car yn y bore. Ro'n ni'n barod am wylie, felly bant â ni yn y Subaru coch. Ma' Mick yn dwlu ar deithio, ac ar ôl deg awr yn y car, dyma gyrra'dd yr Alban, a dod ar draws golygfa fendigedig ger The Grey Mare's Tail. Stopodd Mick y car, a rhedeg mas fel ffŵl. Ro'dd gwaith yn dal i fynd rownd a rownd yn 'y mhen i – ro'n i heb dynnu'r colur bant hyd yn oed! Pan es i mas o'r car a dechre anadlu'r awyr iach 'ma, es i'n benysgafn a theimlo'n wan i gyd, a dechre teimlo mod i wedi neud camgymeriad mawr yn mynd bant ar wylie 'da dyn o'dd yn dwlu ar awyr iach!

Yn sydyn, fel petai rywun wedi troi switsh gole mla'n, ddechreues i enjoio'r cyfan a theimlo'n rhydd, a hynny o fewn eiliad. Ges i deimlad mod i i *fod* yno, ac o'r pwynt yna mla'n fe joies i bob munud, ac ro'dd Mick wrth ei fodd yn dangos yr Alban i mi. Weles i olygfeydd godidog, a thraethe hyfryd gyda phrin neb arnyn nhw. Geson ni un traeth i ni'n hunain – lle o'r enw Sheigra, i'r de o Cape Wrath. Aeth y babell fach lan, a bues i'n torheulo wrth fy hunan bach tra aeth Mick i nofio. Welson ni forloi a daeth un yn agos iawn aton ni ac edrych arnon ni fel 'sa fe'n nabod ni! Es i i nôl tun o sardîns i fwydo'r morlo – ro'dd Mick yn ffaelu credu mod i mor hurt. Sefes i ar ben craig ac agor y tun, a chwmpodd y blincin lot i'r môr! 'Da iawn, Gill!' medde fe (ma' fe wedi dysgu rhyw fymryn o Gymraeg); 'that'll be good for the environment – you townie, you!' Ond deifiodd

Mick i mewn i'r dŵr i nôl y tun, ac arbed y sefyllfa – a'r amgylchedd.

Ar ôl i ni ddod 'nôl o'r Alban, fe ddangosodd Mick Sir Benfro i gyd i fi hefyd – o'dd yn debyg iawn i'r golygfeydd weles i yn yr Alban! Ro'dd meddwl mod i wedi byw mor agos i'r sir ond heb weld a mwynhau beth o'dd yno'n codi cywilydd arna i. Mi gymrodd e rywun o'r tu fas i Gymru i agor fy llygaid!

Dwi wedi teithio llawer iawn gyda Mick ers hynny. Geson ni babell fwy o faint – un digon mawr i ddal teulu, ar gyfer yr adege pan fydde plant Mick yn dod gyda ni. Ar ôl hynny, daeth y cartref symudol. Ro'dd sioe garafanne – un enfawr – yng Nghaerdydd, ac ethon ni i gael pip! Welson ni'r *motorhomes* hyfryd 'ma a meddwl y bydde un yn ddefnyddiol i fynd am wylie a phan fydden i'n neud sioee, yn enwedig yng Nghaeredin. Es i mewn i bob carafán a *motorhome* yn y sioe, gellwch chi fentro – cyn gweld rhai cwmni 3A's o Bencader! Do'dd dim troi 'nôl nawr. Geson ni groeso mawr gan y perchnogion – Lynn a Tegwen Evans; allech chi feddwl ein bod ni'n perthyn! Welson ni'r *motorhome* ro'n ni ishe'i brynu, a mynd amdano. 'Cerwch i enjoio'ch hunen; ma' bywyd yn rhy fyr i beido,' o'dd geirie Tegwen, a dyna wnaethon ni.

Ma' Mick a fi'n mwynhau cwmni'n gilydd. Weithie, os fydda i'n mynd i deimlo'n ansicr, fydda i'n gweud hynny wrth Mick, ac mae e'n dodi fi'n fy lle yn dawel. Ma' byw 'da rhywun fel fi siŵr o fod yn anodd, achos dwi'n brysur yn neud rhywbeth drwy'r amser, felly rhaid cael rhywun cryf wrth fy ochr. Ac er bod Mick wedi teithio, profi a gweld y rhan fwya o'r byd, ro'dd setlo gyda rhywun fel fi siŵr o fod yn sialens iddo fe! Ond ma'r ddau ohonon ni'n enjoio pethe syml bywyd, fel gwylio'r haul yn machlud – y sioe ore'n y byd, a 'sdim rhaid prynu tocyn.

Dwi'n dal i synnu mod i heb gael plant fy hunan – efalle achos mod i'n meddwl fy mod i'n rhy anaeddfed i'w cael nhw, ac yn ofn cymryd y cyfrifoldeb. Ofn hefyd, falle, na fydden nhw'n iach; ofn bydde'r gŵr yn rhedeg bant – pob math o ofne! Ma' gan Mick ddau o blant, ac ma' 'da fi berthynas dda 'da nhw. Ma' merch Mick – Eibhlis – a finne'n cytuno â'n gilydd yn grêt. Dwi'n gweud wrthi ei bod hi'n bedair ar ddeg oed ac yn ymddwyn fel petai hi'n bum deg tri, a finne'n bum deg tri ac yn ymddwyn fel 'tawn i'n bedair ar ddeg! Ma' hi'n meddwl fod hynna'n ddoniol iawn. Ma'i brawd yn hoffus iawn hefyd – JJ – mae e bron yn ddwy ar bymtheg oed. R'yn ni i gyd – Mick, y plant a finne – yn dwlu ar anifeiliaid. Ar wahân i'r cŵn a'r cathod, ma' 'da ni danc pysgod tu fewn a physgod yn y pwll tu fas. Ma' gwiwerod yn ymweld â ni'n gyson, a draenogod ac ambell i lygoden nawr ac yn y man – os dwi'n llwyddo i'w hachub nhw rhag y cathod! Ma'r gân 'There was an old woman who lived in a shoe, she had so many children she didn't know what to do' yn dod i meddwl i – ond llond tŷ o anifeiliaid sy 'da ni!

Er mod i'n ddibriod fy hun, ma'n beth rhyfedd mod i wedi bod yn briodferch droeon ar sgrin! Y tro cynta o'dd fel Sabrina yn *Pobol y Cwm* (pan briododd hi â Jac Daniels); yr ail dro fel Branwen (yn priodi Matholwch) yn y sioe gerdd *Melltith ar y Nyth*; y trydydd tro fel Hazel yn y gomedi sefyllfa *Does Unman yn Debyg* (fy nghyd-actor o'dd Ian Saynor); y pedwerydd tro fel Brenda (briododd gymeriad Ifan Huw Dafydd) yn *Iechyd Da*, a'r pumed tro gyda chymeriad Mici Plwm yn *Talk about Welsh*. Hefyd, wrth gwrs, mi briododd Sabrina yn ddiweddarach gyda Dai Ashurst – ac ma' hynny'n neud chwe gwaith!

DH

Rhosyn a Rhith / Coming up Roses o'dd un o'r ffilmie cynta ar S4C i ennill gwobr arbennig. Cwmni Red Rooster o'dd yn gyfrifol amdani, ac ro'n i'n falch iawn o gael rhan ynddi – fel gwraig cymeriad Dafydd Hywel. Ma' Dafydd a fi wedi cydweithio sawl tro dros y blynyddoedd, gan gynnwys, wrth gwrs, *Pobol y Cwm* (fy mhriodas gynta!). Dwi wrth fy modd yn gweithio 'da fe, ac fel dwi wedi sôn eisoes, mae e wedi bod yn ffrind da i mi dros y blynyddoedd.

Chwaraees ran y *baddie* yn un o bantomeime Dafydd tua saith mlynedd yn ôl. *O! Cryms! Dim Bâbra Bara!* o'dd y panto, ac yn un o'r ymarferion ola ar y llwyfan (gyda'r set yn ei lle), ro'n i'n trio gweithio mas shwd o'dd y ffordd fwya effeithiol i fi ddod mla'n i'r llwyfan. Heb amheuaeth, i fi, yn syth o'r cefn fydde fwya effeithiol, felly ro'dd rhaid chwilio am Tom Pearce, y bachan o'dd wedi cynllunio'r set, i gael sgwrs 'da fe ynglŷn â hyn. Ro'n i ishe cael gair 'da Tom heb orfod styrbio Dafydd Hywel, o'dd lan at ei glustie'n cyfarwyddo. Ro'n i'n meddwl y bydde o help mawr i Dafydd mod i'n sorto hyn mas, heb ffws.

Wel, 'nes i gawlach llwyr – heb feddwl mod i'n neud unrhyw beth o'i le. Wedes i wrth Tom y bydde'r wisg yn rhy fawr i ddelio gyda'r *backdrop*, ac a o'dd unrhyw ffordd alle fe helpu? Awgrymes dorri'r *backdrop* 'da siswrn. Edryches i ar Tom ac fe edrychodd e arna i – fel 'sen ni'n blant ysgol! Edrychon ni o gwmpas i weld ble ro'dd DH – ro'dd e'n dal lan at ei glustie 'da'r sioe. 'I don't want to disturb him!' medde fi. 'It'll be fine!' wedodd Tom – ac off â ni â'r siswrn.

Fel ro'n ni wrthi, glywon ni DH yn gweiddi, *'Beth yffach 'ych chi'n neud?'* – ond mewn geirie cryfach, na alla i eu rhoi lawr ar bapur! Ddes i mas o'r cefn, ac edrychodd DH arna i fel 'se colled gwyllt arna i, a chyn bod e'n cael siawns i weud unrhyw beth, wedes i, 'Paid â becso, allwn ni guddio'r rhwyg 'da thamaid bach o dinsel – neith e edrych fel *waterfall* bach wedyn.' (Ro'dd tinsel ar y llwyfan ta beth, a ro'n i'n meddwl bydde 'bach o dinsel tu ôl i'r rhwyg yn edrych fel dŵr yn llifo!) *'Tinsel?'* gwaeddodd DH. 'Chi 'di sbwylio'r *backdrop*.' Ro'n i'n teimlo fel cwato am byth ond do'dd unman i ffoi. 'Reit,' medde fe, 'awn ni mla'n â'r ymarfer – y *"tech run"*!'

Ro'n i'n gallu gweld bod e ddim ishe codi fwy o gywilydd arna i, ond pan gwrddon ni ar ddiwedd y dydd, wedodd e wrth y cast, 'Os 'ych chi mo'yn neud rhywbeth i'r set – *plîs, plîs* dewch ata i gynta i ofyn!' Godes i ar fy nhraed yn syth a chyfaddef beth o'n i wedi neud. Dyna ichi esiampl wael – fi o'dd yr hyna yn y cast! Fe gyniges i'n dawel fach i dalu hanner cost cywiro'r rhwyg. 'Paid â bod yn sofft!' o'dd yr ateb ges i.

Chwaraees wraig DH hefyd yn y ffilm *Eira Cynta'r Gaeaf/Christmas Stallion*. Daniel Travanti o'dd yn chware'r brif ran – actor o'r Amerig o'dd yn y gyfres *Hill Street Blues*, ac ro'dd rhaid iddo siarad Cymraeg hefyd. Pan o'dd e'n actio yn Gymraeg, ro'dd e'n swno fel 'se fe'n siarad Iseldireg. Yn y diwedd, bu'n rhaid dybio gyda Huw Thomas yn gweud y geiriau, ac fe weithiodd yn iawn. 'Nôl bryd hynny, ro'n ni'n neud nifer o ffilmie 'gefn yn gefn' yn y ddwy iaith.

Sue Roderick

Dwi'n cofio cwrdd â Sue am y tro cynta yng nghoridor stiwdios Broadway ger Newport Road yng Nghaerdydd. Ro'dd sawl person wedi gweud wrtha i ein bod ni'n eitha tebyg i'n gilydd yn ein ffyrdd ac, ar y pryd, o ran edrychiad hefyd, a phan weles i hi'n cerdded tuag ata i, ro'dd e fel 'tawn i'n fy ngweld fy hunan. 'Haia,' medde Sue, a 'Haia,' wedes i 'nôl, ac o hynny mla'n naethon ni ddim stopo siarad!

Rywsut neu'i gilydd, r'yn ni wedi gweithio ar sawl rhaglen 'da'n gilydd ac, oherwydd hyn, ma' llawer o bobol yn fy ngalw i'n Sue a llawer o bobol yn ei galw hi'n Gill! Ma' hi'n un o'r bobol 'na ma' pawb yn lico – dwi ddim yn nabod neb sydd ddim yn mwynhau'i chwmni. Mae'n real trŵper.

Pan adawodd hi *Pobol y Cwm*, ro'dd yna olygfa rhyngddi hi, Donna Edwards a finne. Pan wedodd hi'r llinell ola i gyfeiriad Donna a fi, wnath e fwrw fi'n fflat. Gwplon ni'r olygfa, ac ro'dd hi'n amser brêc. Gerddon ni at ein stafell wisgo – ro'n ni'n rhannu stafell y diwrnod hwnnw – a bostes i mas i lefen. 'Hei, c'mon nawr!' wedodd hi. 'Ma' mwy o olygfeydd gynnon ni i neud!' Ro'n i'n gwbod y bydden i'n ei cholli hi.

Dwi jest ishe gweud fan hyn hefyd taw fi ddysgodd Sue i anfon negeseuon testun ar y ffôn, a fi ddysgodd Mari Gwilym i neud hynny hefyd! Bob tro ma' hithe'n dod i Gaerdydd, r'yn ni'n trio trefnu i gyfarfod. Fe weithion ni 'da'n gilydd yn un o'r ffilmie *Carry on . . .* 'na yn Gymraeg flynyddoedd yn ôl ar gyfer HTV, a mwynhau. Ro'dd Mari, Nia Caron a finne wedi'n gwisgo fel lleianod!

Ronnie Williams

Pan acties i 'da Ronnie Williams yn y ddrama gyfnod o'r enw *Boio*, ro'n ni'n ffilmo mewn capel. Ro'dd e'n sefyll tu ôl i mi mewn un olygfa arbennig, ac ro'dd rhaid i ni gydganu emyn. Penderfynes ganu fel ma' rhai menywod yn canu mewn capel – gyda *delayed vibrato* – ac fe diclodd hynna Ronnie. Droies i ato fe, a gweud taw fel'na ro'n nhw'n canu yn y capel; yn sicr, dyna beth o'n i wedi'i glywed pan o'n i'n fach!

Ar ôl hynny, ro'dd Ronnie ishe i fi neud sioe un fenyw. Fe o'dd yn mynd i'w chyfarwyddo, ac fe gwplon ni lan yn sgrifennu'r sgript 'da'n gilydd a'i galw'n 'Dad a Fi'. Ro'dd e'n mynd i chware'r tad a finne'r ferch. Ddangoses i'r sgript i Gwenlyn Parry, ac ro'dd pethe'n edrych yn addawol iawn ond, yn anffodus, fe gollon ni'r ddau gymeriad hynod dalentog yma cyn eu hamser, a cholles inne'r awydd i barhau i weithio ar y sgript. Roies i hi i gadw.

Ma' amser wedi mynd heibio nawr ond falle, os ffeinda i hi, y ca i bip bach arall arni i weld shwd siâp sydd arni, a phwy a ŵyr na welith hi olau dydd rhyw ddiwrnod.

Damian George

Ro'dd Terry Dyddgen Jones wedi rhoi gwahoddiad i mi ddiddanu yn Stiwdio C1 pan o'dd rhaglen *Pobol y Cwm* yn dathlu'i phen blwydd yn bump ar hugen oed, a dyna pryd cwrddes i â Damian George am y tro cynta. Am ryw reswm, pan dwi'n cwrdd â phobol dwi'n teimlo'n agos atyn nhw ar y cyfarfyddiad cynta, dwi'n tynnu'u coes ac yn insyltio nhw damaid, a dyna ddigwyddodd gyda Damian. Mi adawa i i Damian ei hun adrodd hanes y noson!

'Ro'n i newydd ddechre gweithio yn y BBC, ac yn gynhyrfus iawn mod i wedi cael gwahoddiad i barti pen blwydd Pobol y Cwm yn bump ar hugen oed. Do'n i'n nabod neb o'r gyfres ar y pryd, ar wahân i Terry Dyddgen Jones, ond mi es 'ta p'run – ar fy mhen fy hun.

Ro'dd hi'n noson hynod yn stiwdio C1, gydag actorion a chast, cyfoes a blaenorol, wedi dod at ei gilydd. Ro'n i wedi clywed fod Gillian Elisa yn diddanu'r noson honno, ond ro'dd yn syndod i mi i ffeindio'n hunan yn sefyll wrth ei hymyl hi. Ro'dd hi wedi gwisgo sgert fer, top bach sgleiniog a mwgwd dros ei wyneb, gyda phlu hir yn codi dros dop ei phen. Edrychodd arna i a gwenu – do'n i ddim yn siŵr beth i neud, ond fe fydde wedi bod yn rude i'w hanwybyddu'n llwyr. Felly edryches i tuag ati, lan a lawr, gwenu a gweud (gan feddwl bo fi'n ddoniol), 'Interesting'. 'Well, you try thinking of something original' o'dd yr ateb ddaeth 'nôl fel fflach.

Ni wedi bod yn ffrindie byth ers hynny. Ro'n ni'n nabod ein gilydd yn dda erbyn 2002, ond ro'dd Gill heb gwrdd ag Eiryl, fy ngwraig, ac ro'n i'n dal heb gwrdd â Mick! Ro'dd hi'n rhyfedd felly rhedeg i mewn i'n gilydd yn Eisteddfod Tyddewi. Ro'dd Eiryl newydd brynu cot newydd ar y maes – cot fawr, gan gynllunydd o'dd yn theatrig iawn, ac ro'dd hi wrth ei bodd efo hi. Felly, y tro cynta gwrddodd Gill ag Eiryl o'dd mewn perfformiad sioe ffasiwn o'r got 'ma ar faes y Steddfod – hi a Mick yn eistedd ar fainc, 'bach yn stunned, ac Eiryl yn bownsio ar hyd y lle yn dangos ei chot, a finne'n eistedd yn gwylio'r holl beth 'da gwên ar fy wyneb.

Ro'dd hi'n amlwg fod y pedwarawd hwn yn mynd i fod yn un arbennig – ac ma' fe!'

Donna Edwards

Fe ddechreuodd yr actores Donna Edwards ar ei gyrfa fwy neu lai yr un pryd â fi. Ro'dd hi dipyn yn iau na fi, ond yn Donna ro'dd John Hefin wedi ffeindo'r ferch berffaith i chware rhan yn *Off to Philadelphia in the Morning* – ac ro'dd hi'n dod o Ferthyr hefyd.

Cwrddon ni pan o'n ni'n neud drama ddogfen o'r enw *Coal and Prayer* – am fywyd Evan Roberts, y diwygiwr. Ro'dd y ddwy ohonom wedi rhannu'r profiad o golli mam yn ifanc. Ro'n i'n ffilmo mewn capel yn y Rhondda, ac ro'dd hi'n teimlo fel bod hanner Merthyr yno yn y capel fel ecstras, ac yn cefnogi Donna. Mi wnaeth ei rhan, ac ro'dd pawb yn gwrando'n astud – ro'dd yr awyrgylch yn drydanol. Ro'ch chi'n gwbod fod yr actores fach ifanc 'ma'n mynd i fynd yn bell iawn. Mi waeddodd y cyfarwyddwr, 'Cut!', ac mi gymeradwyodd pawb.

Ro'dd rhaid i mi ddilyn Donna, a neud fy narn i – codi o fy sedd, a neud rhyw fath o fonolog. Ches i ddim clap! Ar ben hynny fe dorron nhw narn i mas pan aeth y rhaglen ar y teledu! Ro'dd y mwyafrif o'r cast yn nerfus, heblaw am Donna. Ro'dd rhai wedi sgrifennu eu geirie ar gledre'u dwylo, a phan fydden nhw'n codi eu dwylo i'r awyr mewn hwyl, ro'ch chi'n gallu gweld yr ysgrifen. Cwynodd y cyfarwyddwr am y peth, ac ro'dd hwnna'n embaras i bawb.

Ma' Donna a finne wedi cydweithio llawer dros y blynyddoedd ar ôl hynny, ac yn ffrindie agos.

Buddug Williams

Ma'r cysylltiad rhwng Buddug a finne'n mynd 'nôl flynyddoedd! Fues i bron â'i chyfarfod hi pan o'n i yn yr ysgol. Fel wedes i o'r bla'n, ro'n i i fod i neud *Dan y Wenallt* (cyfieithiad T. James Jones o *Under Milk Wood* gyda Jim ei hun yn cyfarwyddo ac yn cymryd rhan y llais cynta), ond oherwydd salwch fy mam, fethes i 'i neud e. Ro'dd Buddug yn y cynhyrchiad hwnnw.

Pan ddechreues i actio yn *Pobol y Cwm*, yn un o'r teulu Harries, Buddug o'dd yn chware rhan mam Sabrina; Haydn Edwards o'dd tad Sabrina; Huw Ceredig o'dd Reg, a Dewi Morris o'dd Wayne – y brodyr. Fe ddes i'n agos iawn atyn nhw i gyd, ac yn enwedig Haydn, achos ro'dd e'n smoco Woodbines fel fy nhad! Ro'dd e wastad yn gweud fy enw'n uchel bob tro o'dd e'n gweld fi – 'GILLIIIIIIAAAAN'. Alla i ei glywed e nawr. Ro'dd Buddug a finne'n smoco hefyd bryd hynny, a Buddug yn gweud pethe fel, 'Pan dwi adre, dwi'n dwsto – *ffag bach*; hwfro – *ffag bach*; golchi llestri – *ffag bach*, a wedyn – traed lan!'

Ro'n ni'n mynd i'r Continental yng Nghaerdydd i gael cinio ar ddydd Sul yn amal pan o'n ni'n ymarfer yn Heol Siarl yng nghanol y ddinas. Un profiad anodd ddaeth i mi ym mlynyddoedd cynnar y gyfres o'dd darganfod fod fy mam (sef mam Sabrina) yn marw. Dwi'n cofio ail-greu'r foment, ac yn ofni y bydden i'n colli rheolaeth oherwydd fy mhrofedigaeth bersonol, ond fe nath Buddug yn siŵr fy mod i'n iawn, a'n helpu i roi perfformiad credadwy. Yn rhyfedd iawn, ro'dd Buddug yn f'atgoffa o shwd o'dd fy mam fy hun yn edrych; fe helpodd hynny rywfaint hefyd.

Mae Buddug wedi bod yn un o'r 'mawrion' yn fy mywyd i, ac wedi bod yn hael â'i chyngor – hyd yn oed os nad o'n i ishe clywed bob tro! Fel arfer, hi fydde'n iawn. Ma' steil 'da Buddug, a ma' ganddi lygad am wisgo'n smart. Bob tro fydd hi'n ymddangos fel hi ei hunan, fe welwch chi fenyw *classy* iawn, yn hollol wahanol i'r cymeriad ma' hi'n gyfleu ar y sgrin. Ma' hi 'nôl yn *Pobol y Cwm* ers blynyddoedd bellach fel cymeriad arall – Anti Marian Denzil!

Emyr Wyn

Pan ddes i 'nôl i *Pobol y Cwm* yn y flwyddyn 2000 gyda Dafydd Hywel, ro'n i'n meddwl mai ymddangosiad byr fydde fe – ond na, ro'dd 'na stori! Ro'dd Sabrina i ddod 'nôl i fyw yn y cwm ar ôl i Jac farw o alcoholiaeth. Fe gwrddodd hi wedyn â Dai Sgaffalde, ac fe briodon nhw.

Pan dwi'n actio 'da Emyr Wyn, sy'n chware rhan Dai, dwi'n gwbod y bydd e wedi mynd trwy bopeth yn drwyadl iawn, ac yn rhoi popeth i'r olygfa. Ma' fe hefyd wedi'n helpu i i gyfieithu caneuon (ar fyr rybudd, gan amla) ac wedi rhoi sawl jôc i fi – ma' fe'n rhoi help llaw o hyd. Ma' fe'n gweud bo fi'n mynd ar ei nerfe fe weithie, a dwi'n gweud 'nôl wrtho fe – 'Ti *ddim* yn mynd ar fy nyrfs i!' R'yn ni mor blentynnaidd â'n gilydd!

Dwi'n cofio, ar un achlysur, Emyr a fi'n dadle am rywbeth – a hynny ar fws! – ac Emyr yn gweud, 'Paid ti â siarad â fi fel'na, dwi wedi bod yn y busnes 'ma ers *thirty years!*' 'A finne 'fyd!' wedes i'n siarp yn ôl. Ro'dd Gareth Lewis, o'dd yn eistedd yn y sedd tu cefn i ni ar y bws, yn clywed y cecru rhyngon ni (fel gŵr a gwraig go iawn!), a dyma fe'n gweud, 'Wel, *dwi* wedi bod yn y busnes am *forty years!*' Caeon ni'n cege'n o glou! Fe aeth Emyr sha thre'r noson honno, a ffeindodd e mas ei fod e wedi bod yn y busnes ers *forty one years!* Wedyn, aeth Gareth i tsheco eto, a ffeindo'i fod e wedi bod *fifty years* yn y busnes! O, gwedwch y gwir – ni actorion! On'd yw e'n grêt pan allwn ni chwerthin am ein penne'n hunen?

Peter Karrie

Dwi'n cofio gweld Peter Karrie yn y sioe gerdd *The Phantom of the Opera* yn Llundain, flynyddoedd maith yn ôl, a meddwl ei fod e'n berfformiwr gwych. Dwi'n cofio gofyn i fi fy hun, 'sgwn i a fydda i'n cwrdd â fe rywbryd?

Ro'n i wrthi'n casglu caneuon at ei gilydd ar gyfer fy nghryno-ddisg *Lawr y Lein*, ac yn gweithio ar y gân 'Weli Di' gyda Karen Elli. Carl Simmonds, cerddor yn Pinewood Audio, Pont-y-pŵl, o'dd y peiriannydd. Wedes i wrtho fod Terry Dyddgen Jones wedi cyfieithu 'Music of the Night' o'r sioe *The Phantom of the Opera*, ond bo fi ddim cweit yn gwbod beth i neud 'da'r gân. 'Why don't you ask Peter?' medde fe, gan feddwl mod i'n nabod Peter Karrie. 'I can't,' wedes i, 'I don't know him!' Cynigodd Carl siarad ag e, ac esbonio beth o'n i'n neud. Ces i glywed bod diddordeb 'da fe yn y prosiect, a gofynnodd i fi gysylltu 'da fe. Mi wnes, ac ro'dd e'n fwy na pharod i helpu, a chytunodd i gwrdd â fi yng nghantîn y BBC pan o'dd y ddau ohonon ni'n gweithio yno yr un pryd.

Wedodd e y bydde fe wrth ei fodd yn canu'r gân yn Gymraeg, ar yr amod y bydden i'n fodlon gwneud cwpwl o sioee llwyfan 'da fe! O'dd dim ishe gofyn. *Deal!* Wnes i nifer o sioee 'da fe, a gwirioneddol fwynhau pob un ohonyn nhw. Yr ore i mi o'dd pan ddaeth Shân Cothi i ganu hefyd, yn Aberdâr. Ro'dd yr hanner cynta'n llawn adloniant ysgafn a chanu swing, yna geson nhw ymweliad gan Mrs OTT. Yn yr ail ran canodd Shân, yn hyfryd, ac yna, i gwpla'r noson, ymunodd Peter a Shân i ganu 'The Phantom of the Opera'. Bu'r ddau yn y sioe yn Llundain, wrth gwrs, a ro'n nhw'n ffantastig. Tynnodd Mick lunie gwych o'r noson – ma' dau o'r llunie mewn ffrâm gartre – un o Peter yn rhoi cusan ar ben Shân, a'r llall ohono'n rhoi cusan ar fy mhen i!

Ffono!

Mi allwch ffono rhai pobol unrhyw adeg, a ma' nhw yno ichi bob tro. Ma' Rhiannon Rees yn un o'r rheiny. Ni wedi cydweithio'n gyson dros y blynyddoedd – fel actores a chyfarwyddwr – a r'yn ni bob amser yn siarad am golli pwyse!

Un arall sy wedi bod fel chwaer i fi yw Ann Dafis Keane, ac wedi bod o gymorth mawr wrth sgrifennu a chyfansoddi caneuon. R'yn ni wrth ein bodd yn rhoi'r byd yn ei le ar y ffôn, ac fe alla i ddibynnu arni am gyngor da.

Ma' Betty Evans hefyd wedi bod o gymorth arbennig, yn enwedig pan dwi wedi trefnu sioe mawr fel Cyngerdd y Tsunami yn y Gyfnewidfa Lo, neu'n perfformio yng Nghaeredin. Mae'n dod o Lanwnnen yn wreiddiol, a hi o'dd hoff ddisgybl fy nhad yn y dosbarth teipo.

Ac ma' John a Heather Thomas (cymdogion inni yn Llanbed) wedi bod ar ben arall y ffôn sawl tro i Alun fy mrawd a finne, fel ma' Hazel Thomas, Penpompren.

Ma' Chris Needs wedi bod yn un o'n ffrindie agos i yn y cyfrynge ers y dechre hefyd. Dwi'n cael galwad ffôn yn gofyn i fi neud *turn* yn un o'i sioee ym Mhorth-cawl bron bob blwyddyn. Ma' fe'n ffyddlon ac yn hael iawn i'w ffrindie, ac wedi neud llawer o waith yn codi arian at achosion da. Dwi wrthi ar hyn o bryd yn trio neud CD yn Saesneg, ac ma' Chris a finne wedi recordio 'Baby, it's cold outside' yn barod!

Amser i arafu?!

Cwrddes i â Jo Redman am y tro cynta ar raglen o'r enw *Codi'r To*. O'u swyddfa ar Cathedral Road ces alwad gan Meinir Mai o gwmni Alfresco yn gofyn fydden i'n lico cymryd rhan yn y rhaglen gyda dawnswyr. 'Ma' gyda ni'r merched *Pom-poms* 'ma!' medde hi.

Jo's Heatwave o Gaerdydd o'dd eu henwe nhw – dwi wedi'u crybwyll yn barod – ac ro'n nhw wedi ennill nifer o gystadlaethe, yn arbennig rhai *Cheerleading*, lle ro'n nhw'n Bencampwyr y Byd. Cwrddes i â Jo a'i chwaer Lucy yn y swyddfa ac, o'r funud y gweles i hi, ro'n i'n gwbod y bydden ni'n dod mla'n yn dda.

Mi ganes i 'River Deep, Mountain High' gyda deg ar hugen o ferched ar y llwyfan! Ro'dd hyn yn brofiad gwych. Ro'n ni i gyd yn mwynhau, ac ar ôl hwnna, gofynnodd Jo i mi gyflwyno sioe ffasiyne yn Neuadd y Ddinas, Caerdydd. Yn yr hanner cynta, ro'n i'n cyflwyno'n deidi, fel fi fy hun, ac yn yr ail hanner ro'n i wedi newid i Mrs OTT, ac fe ymunes i 'da'r merched i ddanso i'r gân 'Ooh, Aah, Just a Little Bit' gan Gina G. Ro'n i'n meddwl mod i'n ffit iawn, ond hanner ffordd drwyddi ddechreues i deimlo'n benysgafn a cholli ngwynt! Ro'dd y merched yn danso mor glou, a finne'n trio cadw lan – aeth hi'n real comedi! Ddechreuodd y merched neud y *splits*, yna Mrs OTT yn trio neud yr un peth – reit yn y ffrynt, lle ro'dd Maer Caerdydd

180

a'i wraig yn eistedd. Ceson nhw wlcdd – yr olygfa fwya annisgwyl o flwmers Mrs OTT.

Ar ôl y *slapstick* hyn, ro'dd rhaid i fi feddwl yn gyflym shwd o'n i'n mynd i fynd 'nôl i gyflwyno'n urddasol. Es i 'nôl i'r podium fel Mrs OTT, a chyflwyno'r eitem nesa. Trwy lwc, y dynion o'dd wrthi ar y *catwalk*, felly ro'dd bantyr Mrs OTT yn siwtio. Ro'dd gen i wisg grand i'r diweddglo, ond shwd yn y byd o'n i'n mynd i newid o wisg Mrs OTT 'nôl i ngwisg soffistigedig i fy hun ar gyfer y diweddglo?

Ro'dd pawb wedi gwisgo mewn gwisg briodas erbyn hynny, ac ar ôl i'r dynion fynd drwy'u pethe, daeth cerddoriaeth 'James Bond' mla'n, a daeth y bachan 'ma mla'n rownd y gornel 'da gwn. 'OK – don't shoot!' wedes i'n reddfol. 'I'm going!' – a rhedes i bant o'r llwyfan fel fferet, gan feddwl fydde hyn yn cynnal ei hun hebdda i. Ces i'r *thumbs up* 'da Jo, yna newid ffwl pelt ar gyfer y diweddglo, mewn llai na munud!

Aeth y sioe yma fel watsh, o gofio fod 'na ddim ymarfer wedi bod ar ei chyfer, nac unrhyw glem 'da fi beth o'dd yn digwydd. Mi sylweddolodd Jo a finne ein bod yn gweithio'n arbennig o dda 'da'n gilydd, ac yn gallu meddwl yn glou dan bwyse. Ar ôl y noson honno, weithion ni lawer 'da'n gilydd.

Do'dd dim siawns arafu! Ar ôl perfformio o gwmpas Cymru, ro'n i'n teimlo mod i'n cryfhau fel perfformiwr 'da phob sioe. Dwi wastad wedi dwlu ar adloniant ysgafn; ma' fe'n rhoi'r gwaith actio trwm mewn persbectif, ac ma'n rhaid cael y ddwy elfen, y llon a'r lleddf.

Buon ni yng Ngŵyl Caeredin ddwywaith, 'da sioe awr. Y tro cynta, ro'n i'n perfformio yng ngwesty'r Radisson am ddwy noson. Ro'dd hyn yn wych i mi, achos ro'n i ar y Royal

Mile! Geson ni lawer o sylw. Yr ail dro ethon ni yna ro'n i ymhell o'r Royal Mile, yng nghlwb Sweet Ego yn Picardy Place. Berfformion ni fan'na am saith noson o'r bron; ro'dd llai'n dod i'n gweld ni oherwydd y lleoliad, ond fe nethon ni lawer mwy o gysylltiade. Buon ni ar y radio yno, a daeth cyflwynydd y rhaglen i'n gweld ni.

Y noson gynta berfformies i (ar fy ail dro yng Ngŵyl Caeredin), fe ddaeth Gruff Jones, y cyfarwyddwr, i ngweld i gyda'i griw, achos ro'dd 'da fe ddrama yno hefyd, ac ro'dd un o'i ffrindie'n hen gariad i mi – Peter Zygadlo (Ziggy). Ziggy gyflwynodd fi i Gaeredin, pan o'n ni'n canlyn flynyddoedd yn ôl! Dwi'n cofio cerdded ar hyd y *cobbles* yn edrych ar bawb yn perfformio ar y stryd, a gweud wrtho y bydden i wrth fy modd yn perfformio yno ryw ddydd.

Un o'r pethe fwynhaees i fwya pan o'n i yng Nghaeredin o'dd perfformio ar y stryd er mwyn denu pobol i ddod i weld y sioe. Yn y sioe ei hun, dynnes i frawd Ziggy mas o'r gynulleidfa i neud 'Big Spender' ar y llwyfan. Dwi'n meddwl mod i wedi pwyntio at Ziggy gynta, ond fe bwyntiodd e at ei frawd mewn panig! Ro'n i'n ffaelu gweld yn iawn, achos ro'dd hi'n dywyll yno oherwydd y goleuade, a dwi'n methu gweld dim drwy sbecs Mrs OTT, ta beth!

Agorodd Gŵyl Caeredin ddryse er'ill i fi. Ar hyn o bryd, dwi'n gweithio gyda Clwyd Theatr Cymru mewn drama newydd o'r enw *Two Princes* gan Meredydd Barker. Cyn y clyweliad, ro'dd Phillip Breen (y cyfarwyddwr) wedi sylwi ar fy CV mod i wedi bod yn perfformio yng Nghaeredin. Mae'n brofiad cynhyrfus cael bod mewn cynhyrchiad gwreiddiol mor safonol.

* * *

Rai blynyddoedd yn ôl, gofynnwyd i mi fod yn rhan o'r rhaglen *Y Briodas Fawr*. Fy nhasg i o'dd chware'r trwmped yn y pulpud ar ddiwrnod priodas y pâr ifanc. Ro'dd Arfon Haines Davies yn gorfod hedfan hofrennydd, Margaret Williams yn gorfod neud potyn i ddal blode, a Sarra Elgan a Rowland Phillips hefyd yn rhan o'r diwrnod.

Bues i'n lwcus i gael athrawes wych – Branwen Gwyn. Ro'dd hi'n amyneddgar iawn 'da fi, ac ro'n i'n hoffi ei hagwedd ddi-ffws, ond synnes i pa mor anodd o'dd hi i chware trwmped! Ro'dd y criw'n ein ffilmo ni drwy'r amser, ac ishe i fi gystadlu mewn eisteddfod ar un pwynt. O, *plîs!*

Erbyn diwrnod y briodas, ro'n i'n methu credu bo fi wedi cytuno i neud shwd beth. Do'n i ddim yn nerfus ofnadwy, ond ro'n i'n becso pa fath o nodyn fydde'n dod mas o'r offeryn unwaith y bydden i'n dechre chwythu.

Yn yr ymarfer yn y bore, daeth Huw Chiswell (o'dd yn cyfarwyddo'r rhaglen, ac yn arfer chware'r trwmped ei hunan) mewn i'r capel ger Pontyberem a gweud mod i'n swnio'n dda. Ro'n i'n becso *wedyn*, achos os 'ych chi'n cael ymarfer da, dyw'r perfformiad fel arfer ddim mor dda! Fe wedodd y cynhyrchydd, Will Davies, wrtha i, 'Chware fe ddwywaith yn y briodas – rhag ofn!'

Fi o'dd y peth ola yn y gwasanaeth. Ro'n i'n sefyll yng nghefn y capel – tu ôl i ddryse'r stafell gotie, achos rhaid chwythu mewn i drwmped nawr ac yn y man i gadw'r offeryn yn gynnes cyn perfformio. Ro'dd Branwen, erbyn hyn, wedi penderfynu bo fi wedi'i cholli hi, achos ro'n i'n treial chwythu mewn i'r trwmped heb neud sŵn. Amhosib! Yna, ffeindes i got o'dd rhywun wedi'i hongian ar y bachyn, ac mi chwythes y trwmped i mewn i'r got – o leia do'dd hyn ddim yn achosi embaras i bawb. Aeth hi'n iawn, a phawb wedi mwynhau.

Dwi'n dal i chware'r trwmped weithie – fe ddysges i anthem Merched y Wawr ar gyfer sioe ffasiyne'r Mudiad, 'nôl ym mis Medi'r llynedd – yn Llanbed! Ro'dd *hwnna*'n cymryd risg, 'te! Cerddes i mewn i Neuadd y Celfyddydau yng Ngholeg y Brifysgol, Llanbed, tua 5.30 y pnawn, a gweld Annette Bryn Parri yn ymarfer ar y piano gyda chanwr, a gofynnes iddi allen i gael shot ar yr anthem ar y trwmped? 'Os fydda i'n swnio'n wael, gwêd wrtha i,' medde fi. Es drwyddi, jyst abowt. 'Be ti'n feddwl?' ofynnes i i Annette. 'Well ti beidio, sdi,' medde hi, a finne'n cytuno. Ond yna wedes i, 'Ond alla i gael *un* go arall?'

'Never say die!' Daeth Tegwen Morris, ysgrifenyddes Merched y Wawr, i mewn ar ganol fy ail ymdrech, a diawch aeth y chware'n weddol. Awgrymodd Tegwen falle bydde fe'n syniad ei neud e ar ôl yr egwyl, ac mi gytunes, ac er syndod i mi, ro'n nhw'n bles iawn 'da'r perfformiad – ond cofiwch chi, ro'dd Annette 'da'i dawn arbennig ar y piano yn medru neud i fi swnio'n broffesiynol dros ben. Ar ganol y gân dechreuodd pawb ganu 'da fi, a ches gymeradwyaeth fel na ches i erio'd o'r bla'n.

Maddeuwch i mi, ond ro'dd rhaid i mi gael chwythu nhrwmped fy hun fan hyn!

Mla'n at yfory

Feddylies i fyth y bydden i'n cael galwad ffôn gan Bethan Gwanas yn gofyn a fydden i'n hoffi sgrifennu hunangofiant! 'Ti'n meddwl mod i'n ddigon *hen*?' ofynnes i i Bethan. Ond os o'dd *hi*'n meddwl allen i, pwy o'n i i anghytuno?!

Siân Thomas ddaeth i'n helpu i i roi trefn ar 'y mywyd ar gyfer y llyfr 'ma! Ma' Siân yn ferch ddidwyll a disgybledig, ac, fel clywsoch chi, r'yn ni wedi cydweithio droeon a dod yn ffrindie dros y blynyddoedd. Recordion ni 'Ysbryd y Nos' 'da'n gilydd ar y trydydd CD, ond ro'dd mwy o joio a siarad nag o ymarfer canu, cymaint felly nes bo ni wedi cael ordors gan Myfyr Isaac i fynd adre a neud ein gwaith cartre – deimlon ni fel dwy groten ysgol yn cael row gan athro!

Digwyddodd un peth rhyfedd i Siân wrth fy helpu 'da'r hunangofiant. Wrth iddi ddarllen y darn am farwolaeth Mami am y tro cynta, a theipo dyddiad ei marwolaeth – Mehefin 9fed, 1970 – mi sylweddolodd Siân ei bod hi'n Fehefin 9fed, 2007, y diwrnod hwnnw. Cyd-ddigwyddiad arall, neu ysbryd y nos.

Mae wedi bod yn rhyw fath o ryddhad i mi i gael 'gweud yr hanes'. Alla i neud dim am y gorffennol, a does gen i na neb arall unrhyw reolaeth ar y dyfodol; cynllunio yw'r unig beth allwn ni ncud ar gyfer hwnnw, ac allwn ni ddim cynllunio'r canlyniad. Dyma, felly, shwd ma' pethe wedi bod i fi – 'Hyd yn Hyn'!

* * *

Byddwch wedi sylweddoli bellach bod colli fy mam wedi bod yn ysgytwad a adawodd ei farc ar weddill fy mywyd i ond, mewn rhyw ffordd ryfedd, fe roddodd e hefyd lawer o gryfder i fi, a'r gallu i ddelio gyda sefyllfaoedd annifyr ac annymunol.

Chafodd hi ddim gweld y pethe dwi wedi neud dros y blynyddoedd – mi gollodd hi bopeth. Bydde hi wedi dwlu gweld fi'n neud yr holl wahanol bethe o ran y perfformio, a rhannu'r sbort dwi wedi'i gael yn fy ngyrfa – a fydden inne wedi bod wrth fy modd yn ei chael hi yno.

Dwi'n teimlo weithie, pan dwi'n cael profiade trist neu ddiflas, neu os ydw i'n unig, ei bod hi yno, yn codi f'ysbryd. Dwi'n teimlo hefyd ei bod hi'n edrych ar fy ôl i pan dwi'n perfformio ar lwyfan – dwi'n synhwyro'i phresenoldeb. Ma' fe'n deimlad braf a chyffforddus.

Dwi wrth fy modd yn perfformio, a gobeithio mod i wedi codi calon rhywun ym mhob cynulleidfa wrth neud iddyn nhw wenu. Bydde hynny'n neud fi'n hapus iawn, bod fy mherfformiad i, mewn ffordd fechan, wedi gallu cyffwrdd â'u bywyde. Ma' fe'n deimlad gwell nag unrhyw bilsen, nac unrhyw ddiod.

Dwi wedi sgrifennu'r hunangofiant yma yn bum deg a thair oed, a dyna oedran Mami pan weles i hi ddiwetha! Ma'i llun hi wrth f'ochr y funud 'ma, wrth ymyl fy nghyfrifiadur. Dwi'n edrych arni nawr – mae'n eistedd yn braf, yn dal i wenu, ar *deckchair* ar y promenâd ym Mhorthcawl, 'nôl yn y pedwardege.

'Sgwn i ydi hi'n edrych arna i o rywle heddi, ac wedi cadw llygad arna i wrth i mi dwrio drwy ngorffennol?

Gobeithio'i bod hi'n bles.